COLLECTION MICHEL LÉVY
— 1 franc le Volume —
1 franc 25 centimes dans les gares de chemins de fer et à l'Étranger

ALEXANDRE DUMAS

— ŒUVRES COMPLÈTES —

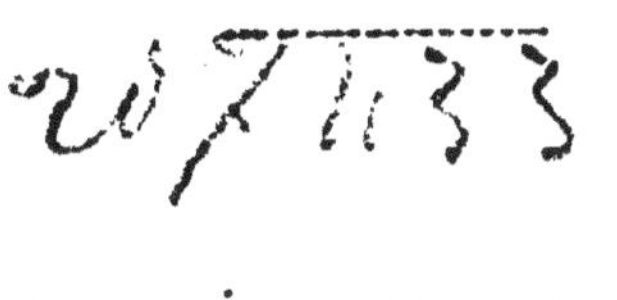

JANE

PARIS
MICHEL LÉVY, FRÈRES, LIBRAIRES-ÉDITEURS
RUE VIVIENNE, 2 BIS, ET BOULEVARD DES ITALIENS, 15
A LA LIBRAIRIE NOUVELLE
1862

COLLECTION MICHEL LÉVY

ŒUVRES COMPLÈTES

D'ALEXANDRE DUMAS

ŒUVRES COMPLÈTES D'ALEXANDRE DUMAS

Parues dans la Collection Michel Lévy

	vol.
AMAURY	1
ANGE PITOU	2
ASCANIO	2
AVENTURES DE JOHN DAVYS	2
LES BALEINIERS	2
LE BATARD DE MAULÉON	3
BLACK	1
LA BOUILLIE DE LA C^esse^ BERTHE	1
LA BOULE DE NEIGE	1
BRIC-A-BRAC	2
UN CADET DE FAMILLE	3
LE CAPITAINE PAMPHILE	1
LE CAPITAINE PAUL	1
LE CAPITAINE RICHARD	1
CATHERINE BLUM	1
CAUSERIES	2
CÉCILE	1
CHARLES LE TÉMÉRAIRE	2
LE CHASSEUR DE SAUVAGINE	1
LE CHATEAU D'EPPSTEIN	2
LE CHEVALIER D'HARMENTAL	2
LE CHEVALIER DE MAISON-ROUGE	2
LE COLLIER DE LA REINE	3
LE COMTE DE MONTE-CRISTO	6
LA COMTESSE DE CHARNY	6
LA COMTESSE DE SALISBURY	2
CONSCIENCE L'INNOCENT	2
LA DAME DE MONSOREAU	3
LES DEUX DIANE	3
DIEU DISPOSE	2
LES DRAMES DE LA MER	1
LA FEMME AU COLLIER DE VELOURS	1
FERNANDE	1
UNE FILLE DU RÉGENT	1
LES FRÈRES CORSES	1
GABRIEL LAMBERT	1
GAULE ET FRANCE	1
GEORGES	1
UN GIL BLAS EN CALIFORNIE	1
LA GUERRE DES FEMMES	2
HISTOIRE D'UN CASSE-NOISETTE	1
L'HOROSCOPE	1
IMPRESSIONS DE VOYAGE : SUISSE	3
— L'ARABIE HEUREUSE	3
— UNE ANNÉE A FLORENCE	1
— LES BORDS DU RHIN	2
— LE CAPITAINE ARENA	1
— DE PARIS A CADIX	2
IMPRESSIONS DE VOYAGE :	
— QUINZE JOURS AU SINAÏ	1
— LE SPERONARE	2
— LE VÉLOCE	2
INGÉNUE	2
ISABEL DE BAVIÈRE	2
ITALIENS ET FLAMANDS	2
JANE	1
JEHANNE LA PUCELLE	1
LES LOUVES DE MACHECOUL	3
LA MAISON DE GLACE	2
LE MAITRE D'ARMES	1
LES MARIAGES DU PÈRE OLIFUS	1
LES MÉDICIS	1
MÉMOIRES DE GARIBALDI	2
MÉMOIRES D'UN MÉDECIN. — JOSEPH BALSAMO	5
LE MENEUR DE LOUPS	1
LES MILLE ET UN FANTOMES	1
LES MOHICANS DE PARIS	4
LES MORTS VONT VITE	2
NAPOLÉON	1
UNE NUIT A FLORENCE	1
OLYMPE DE CLÈVES	3
LE PAGE DU DUC DE SAVOIE	2
LE PASTEUR D'ASHBOURN	2
PAULINE ET PASCAL BRUNO	1
LE PÈRE GIGOGNE	2
LE PÈRE LA RUINE	1
LA PRINCESSE FLORA	1
LES QUARANTE-CINQ	3
LA REINE MARGOT	2
LA ROUTE DE VARENNES	1
SALVATOR (suite et fin des *Mohicans de Paris*)	4
SOUVENIRS D'ANTONY	1
SULTANETTA	1
SYLVANDIRE	1
LE TESTAMENT DE M. CHAUVELIN	1
TROIS MAÎTRES	1
LES TROIS MOUSQUETAIRES	2
LE TROU DE L'ENFER	1
LA TULIPE NOIRE	1
LE VICOMTE DE BRAGELONNE	6
LA VIE AU DÉSERT	2
UNE VIE D'ARTISTE	1
VINGT ANS APRÈS	3

SAINT-CLOUD. — IMPRIMERIE DE Mme Ve BELIN.

JANE

PAR

ALEXANDRE DUMAS

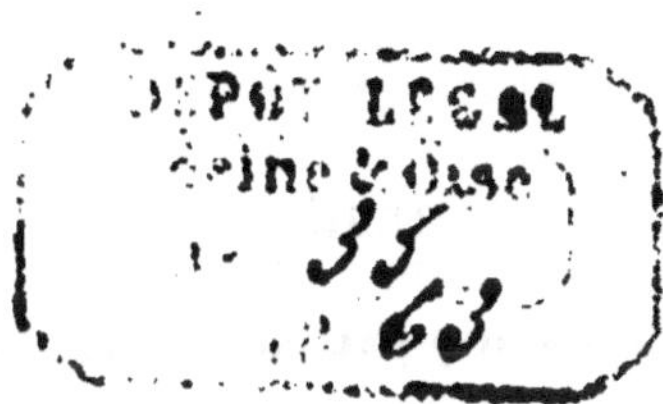

PARIS
MICHEL LÉVY FRÈRES, LIBRAIRES ÉDITEURS
RUE VIVIENNE, 2 BIS, ET BOULEVARD DES ITALIENS, 15
A LA LIBRAIRIE NOUVELLE.

—

1862

AVANT-PROPOS

Lorsqu'on voyage dans un pays et que l'on veut faire connaître ce pays, il faut que tout ce qu'on écrit sur lui, soit écrit au point de vue de sa nationalité.

Je me suis donc attaché, pendant mon séjour en Russie, à recueillir des légendes, contemporaines autant que possible, attendu que c'était la Russie au XIXe siècle que j'avais l'intention de peindre.

En voici une empruntée à l'année 1812. Elle est puisée aux souvenirs d'un homme de beaucoup de talent, Bestuchef-Marlinsky, condamné à mort en 1826, puis envoyé aux mines, par grâce spéciale de l'empereur Nicolas.

Les personnes qui liront mon *Voyage au Caucase* y trouveront, sur cet auteur éminent, les détails les plus curieux et les plus pittoresques.

ALEX. DUMAS.

JANE

I

LA TEMPÊTE

Au moment où les troupes de Napoléon s'approchaient de Moscou, la flotte russe, réunie à celle de la Grande-Bretagne, bloquait, sous le commandement de l'amiral anglais, la flotte française enfermée à Flessingue.

Pendant la plus mauvaise saison de l'année, sur une mer ouverte à tous les vents, jetant leurs ancres dans d'incommensurables profondeurs, les flottes combinées avaient à soutenir le double combat des tempêtes et de l'ennemi. Elles avaient derrière elles l'Océan aux vagues grondantes, devant elles les batteries qui crachaient la flamme et le fer.

Au mois d'octobre, les tempêtes sont terribles et successives. Qui les essuya en mer, sous la toile, comme on dit en termes de marine, peut seul se faire une idée de ce qu'est un pareil temps pour une flotte obligée de jeter l'ancre. Le vaisseau reste alors immobile, mais tremblant de tous ses membres, comme un géant enchaîné, et, quelle que soit la fureur des flots, il ne peut fuir devant eux.

L'ouragan qui s'éleva dans la nuit du 16 au 17 octobre 1812 détruisit plusieurs bâtiments tant sur les plages de Hollande que sur celles d'Angleterre. Pendant toute cette nuit, au milieu des ténèbres et de la tempête, on entendait de temps en temps ce formidable coup de canon qui crie à la création : « Nous sommes perdus ! » dernier râle de la vie qui a son écho dans la tombe.

Aux premiers rayons du jour, sombre et presque aussi menaçant que la nuit qui venait de s'écouler si lentement, on vit l'effroyable position de la flotte. La ligne était rompue ; les câbles et les mâts étaient brisés; quelques bâtiments, arrachés à leurs ancres, allaient à la dérive. Les vagues les soulevaient comme des montagnes prêtes à les engloutir. Aux yeux mêmes des marins, la position était désastreuse.

Le vaisseau russe *le Vladimir* était brisé en plusieurs endroits et faisait eau. Il était le dernier de la ligne à gauche et touchait presque aux rochers qui se prolongent près d'une demi-lieue dans la mer, dans une direction parallèle à la côte. Les matelots, travaillant, avec l'ardeur d'hommes qui sentent que leur vie dépend de la vigueur de leurs bras, les uns aux pompes, les autres à la manœuvre du bâtiment, prouvaient à des yeux exercés que toute cette fatigue resterait inutile; et la perte de ceux qui montaient le bâtiment était inévitable, lorsque, par un bonheur inespéré, avec le jour le vent baissa et la mer se calma. Un éclair d'espérance passa dans le cœur des marins : cette espérance se changea bientôt en certitude de salut. On distribua un verre d'eau-de-vie aux matelots, et un peu d'ordre commença de renaître à bord. On put permettre à la moitié des hommes de se reposer : il était quatre heures de l'après-midi.

Le lieutenant, qui était autorisé à partager le repos de ces hommes, monta alors sur le pont, et, s'adressant au capitaine, qui s'y promenait de long en large :

— Commandant, dit-il en levant sa casquette, j'ai remis tout en bon ordre : le vent souffle nord-

nord-ouest; nous sommes à l'ancre sur soixante-huit brasses de fond avec soixante et onze brasses de câble.

— Et la cale, la cale, Nicolas-Alexiovitch? demanda le commandant.

— Tout va bien de ce côté; nous sommes maîtres de l'eau. Avez-vous quelques ordres à me donner?

— Aucun, puisque vous avez pourvu à tout, Nicolas; seulement, recevez l'expression de ma reconnaissance, et faites tous mes compliments à l'équipage pour son travail de cette nuit. Sans ce travail plus qu'humain, nous serions, à l'heure qu'il est, accrochés comme une guenille à quelque rocher où nous pêcherions des étoiles de mer.

Le lieutenant était un vieux marin hâlé par le soleil de tous les climats, portant la casquette sur l'oreille, et ayant laissé, par distraction sans doute, prendre à son épaule droite une prééminence marquée sur la gauche. Un manteau encore tout trempé de pluie tombait de ses épaules, sans qu'il songeât à s'en débarrasser ; il tenait à la main son porte-voix.

Il sourit aux paroles du commandant.

— Bon ! dit-il, cela ne vaut pas la peine d'en parler. C'est lorsque nous étions sur *le Vladimir* dans l'Adriatique que nous en avons vu, et d'autres que celles-là ! Par bonheur encore, continua Alexiovitch, qu'il n'y a pas de typhons dans la Manche, quoique ce soit une chose curieuse que de les voir se former et disparaître.

— Oui, ma foi, cela doit être fort curieux, Nicolas-Alexiovitch, répondit Élim Melosor, beau jeune homme de vingt-quatre à vingt-cinq ans, portant l'aiguillette d'or à son épaule.—Et, en effet, il était aide de camp de l'amiral russe; mais, pendant la guerre, il avait pris du service sur un vaisseau. — Je suis sûr que nos typhons de la Baltique sont plus dangereux pour les verres de punch que pour les vaisseaux.

— Certainement, mon cher, dit le vieux marin: l'eau a été faite pour les poissons et les écrevisses, le lait pour les enfants et les poitrinaires, le vin pour les jeunes gens et les jolies femmes, le madère pour les hommes et les soldats. Mais le rhum et l'eau-de-vie, c'est la boisson naturelle des héros.

— En ce cas, répondit le jeune aide de camp avec un sourire, l'immortalité n'est pas faite pour moi. Il m'est impossible de regarder en face une bouteille de rhum : j'ai en horreur cette abominable boisson.

— Eh bien, moi, mon cher Élim, c'est tout le contraire; mon cœur bat, à sa vue, un branle-bas de tous les diables. Oh ! quand tu seras depuis trente ans sur le parquet du vieux Neptune ; quand tu auras vu autant de grains que j'ai vu de centaines de tempêtes, tu reconnaîtras qu'un bon verre de grog vaut mieux que tous les manteaux du monde, fussent-ils de renard bleu ou de zibeline; au second verre, tu sentiras un génie entrer dans ta tête; au troisième, un oiseau chanter dans ton cœur: alors tu te pencheras par-dessus la muraille et tu regarderas passer les vagues aussi tranquillement que si c'étaient des troupeaux de moutons. Les mâts crieront et craqueront au-dessus de ta tête, et tu te soucieras de leurs craquements et de leurs cris comme de cela.

Et le vieux marin fit claquer ses doigts.

— Et, malgré tout cela, la nuit passée, Nicolas-Alexiovitch, s'il n'eût pas fait si sombre, peut-être eussions-nous pu, à certains moments, voir passer la pâleur sur tes joues.

— Que le diable ait mon âme s'il y a un mot de vrai dans ce que tu dis là, Élim Melosor! La tempête, c'est ma vie, à moi. Que Dieu nous donne souvent de pareilles nuits; le service ne sera pas négligé comme dans les temps de calme. Lorsque le vent souffle, alors les pieds et les mains sont occupés, et je suis fier, car il me semble que je prends le commandement de toute la nature.

— Merci pour votre tempête, lieutenant! dit le jeune officier; j'ai été mouillé jusqu'aux os, je me suis couché sans souper, ayant une faim de chien de mer, et, pour compléter ma chance, j'ai roulé deux fois à bas de mon lit!

— Tiens, tu es un vrai bambin, mon cher Élim, dit le vieux marin. Ah çà! mais tu voudrais donc que ton bâtiment voguât dans l'eau de rose; que le vent n'eût été créé que pour chatouiller tes voiles, et que les lieutenants dansassent seulement avec les dames?

— Plaisantez tant que vous voudrez, Alexiovitch; je vous déclare que je ne refuserais pas, dans ce moment surtout, de me réchauffer près d'une jolie lady à Plymouth, ou de dormir voluptueusement, après un bon dîner, à l'Opéra de Paris. Cela me paraîtrait plus agréable que d'entendre siffler le vent et d'être près de boire, à chaque instant, mon dernier coup à la même tasse que les requins et les baleines.

— Pour moi, je tiens qu'il y a toujours plus de danger sur terre que sur mer; sur terre, tu risques éternellement de perdre ta bourse ou ton cœur. Par exemple, lorsque tu me conduisis dans la maison de Stephen, tu te le rappelles, n'est-ce pas ? je ne savais comment me gouverner au milieu des canapés et des fauteuils qui encombraient le salon ; j'eusse mieux aimé gouverner par une nuit sans étoiles au milieu de la passe de Devil's-Gripp. Ah ! cette maudite miss Fanny; elle me regardait si fièrement, que j'étais tout prêt à lever l'ancre et à filer quinze lieues à l'heure pour m'éloigner d'elle. Mais tu ne m'écoutes pas, monsieur le distrait !

En effet, depuis que son vieux camarade avait touché l'article femmes, Élim, à demi couché sur un canon, avait tourné et arrêté ses yeux sur la côte de Hollande. Cette rive lointaine lui paraissait un paradis.

Là, il y avait de braves gens, des hommes d'esprit, de belles jeunes filles; là étaient des cœurs prêts à aimer et dignes d'être aimés.

Dangereuse pensée pour un homme de vingt-cinq ans, surtout lorsqu'il est enfermé dans ce monastère flottant qu'on appelle un vaisseau ! Aussi, Élim, malade de cette sublime maladie qu'on appelle la jeunesse, était-il devenu doublement pensif, à la vue de la terre et aux paroles de son compagnon. Il regardait la Hollande avec une telle tendresse, qu'on eût dit qu'il y avait là quelque trésor enfoui. L'impossibilité de quitter son bâtiment lui donnait, au reste, un désir plus vif d'aller à terre, et il soupira si profondément, qu'en historien véridique, nous croyons devoir ici consigner ce soupir et y arrêter l'attention du lecteur.

Le jour commençait à baisser; le vent augmentait au fur et à mesure que baissait le jour, et il se changeait peu à peu en tourmente; mais, comme tout était prévu, on attendit la nuit avec une certaine tranquillité.

En ce moment, on vit paraître à l'horizon un navire qui arrivait sur la flotte toutes voiles dehors; poussé par la tempête renaissante, il semblait vouloir marcher plus vite qu'elle: on reconnut bientôt que c'était un navire de guerre anglais. Son drapeau rouge flamboyait comme un éclair au milieu des nuages. Tous les yeux se tournèrent de son côté.

— Ah! voyons un peu comme notre gentleman va jeter l'ancre par ce joli temps, dit Élim.

— Ah çà! mais il est fou, dit un jeune lieutenant;

il force de voiles en entrant dans la ligne ! Regarde donc : ses mâts plient comme des roseaux. Ne te semble-t-il pas les entendre craquer d'ici ? Ou son capitaine en a d'autres dans sa poche, ou il a des démons au lieu de matelots.

On vit monter le drapeau de signal au vaisseau amiral ; mais, comme s'il n'y faisait aucune attention, ou comme s'il était entraîné par une force irrésistible, le navire ne parut pas s'en préoccuper.

— Eh bien, il ne répond pas ? s'écrièrent plusieurs voix avec étonnement.

— Mais il va tout droit sur le rocher, dit Élim.

Trois drapeaux s'élevèrent à la fois sur le vaisseau amiral.

— Numéro 143 ! cria un matelot.

Le lieutenant ouvrit le livre des signaux.

— « Le vaisseau qui arrive du large, dit-il, doit se former en ligne et jeter l'ancre à gauche. »

— A-t-il répondu ? demanda le lieutenant.

— Il n'a seulement pas l'air de se douter qu'on lui parle, dit le matelot.

L'incertitude, la crainte et l'étonnement se peignirent sur tous les visages.

Le même signal se répéta, accompagné d'un coup de canon en manière de réprimande.

Le bâtiment n'y fit aucune attention et continua de marcher droit sur l'écueil.

En vain l'amiral redoublait ses signaux; il ne paraissait pas les voir, ne s'arrêtait pas, ne diminuait pas même sa marche.

Tout le monde regardait avec terreur le navire insensé : il était évident qu'il allait droit à sa perte.

— Il ne comprend pas nos signaux ! s'écria le lieutenant. Il ne vient pas de l'Angleterre, il vient de l'Océan. En tout cas, il devrait voir le rocher, qui est indiqué sur toutes les cartes.

— Il n'a qu'une seconde pour virer de bord, dit Élim, ou il est perdu.

Le moment était suprême.

Le jeune homme sauta sur le bastingage, se tenant par une main seulement, et, de l'autre, faisant signe avec sa casquette et criant :

— La barre à bâbord ! la barre à bâbord donc ! comme si, malgré la distance, le bâtiment pouvait l'entendre.

Le bâtiment était déjà assez proche pour que l'on vît ses hommes, qui s'agitaient sur le pont. On essayait d'amener la misaine ; mais, au moment où l'équipage était occupé à cette manœuvre, on entendit un craquement terrible. C'était le mât qui se brisait.

— Il n'a pas de gouvernail, s'écria le lieutenant, il est perdu !

Et, tout vieux marin qu'il était, il détourna les yeux.

Il avait raison : le bâtiment, condamné à mort, semblait avoir hâte d'arriver à sa perte. Poussé par le vent, entraîné par les courants, quoiqu'on eût successivement amené toutes les voiles, il ne marchait plus, il volait.

On voyait le désespoir de l'équipage; il n'y avait plus de commandement, plus d'ordre, plus de discipline. Les matelots couraient çà et là, tendant les mains vers les autres bâtiments, et demandant instinctivement un secours qu'il était impossible de leur porter.

Leur dernière heure sonna.

Avec la rapidité de l'éclair, avec la force et le bruit de la foudre, le bâtiment alla heurter le roc.

A l'instant même, on le vit, au milieu de l'écume, se briser en morceaux. Les voiles se dispersèrent; une d'elles s'envola comme un aigle dans les nuages.

Une vague énorme souleva tous ces débris et les jeta une fois encore sur le rocher.

— Tout est fini ! s'écria Élim en se rejetant sur le pont.

Et, en effet, à la place où, un instant auparavant, s'élevait encore le vaisseau, les vagues seules bondissaient, se heurtant les unes contre les autres et s'écroulant en écume.

— Un signal, cria le matelot, numéro 107.

— « Porter secours aux naufragés ! »

— Un noble ordre ! dit le lieutenant Nicolas-Alexiovitch, mais malheureusement plus facile à donner qu'à exécuter.

En ce moment, trois hommes — tout ce qui restait de l'équipage — apparurent au milieu des vagues écumantes.

Ils étaient tous trois cramponnés à la même planche.

Élim saisit le bras du vieux marin.

— Les voyez-vous? s'écria-t-il, les voyez-vous?

— Pardieu! si je les vois, dit celui-ci; mais que veux-tu que j'y fasse?

— Vous croyez donc qu'il est impossible de les secourir? demanda Élim.

— Je le crois, répondit Nicolas-Alexiovitch.

— Et moi, je crois qu'il serait honteux à un Russe de regarder comme impossibles les ordres donnés par un Anglais.—Capitaine, continua-t-il en s'avançant vers l'officier commandant *le Vladimir*, permettez-moi de mettre une chaloupe à la mer.

— Je ne puis vous empêcher de remplir un devoir, Élim, dit tristement le capitaine; mais vous vous perdrez, et vous ne sauverez pas ces malheureux.

— Capitaine, je n'ai ni mère ni femme pour s'attrister de ma mort, et mon père est un soldat qui sera heureux d'apprendre que son fils est mort en faisant son devoir.

— Vous n'aurez jamais le temps de descendre le grand canot, et les barques ne tiendront pas la mer.

— J'irai, fût-ce dans une cuvette. Je trouve qu'il est plus facile de mourir soi-même que de voir mourir les autres.

— Holà hé! *la Mouette* à la mer! cria-t-il, et cinq hommes de bonne volonté!

Il s'en présenta trente. Élim en choisit cinq, sauta dans la chaloupe à laquelle sa course rapide et sa fine allure avaient fait donner le nom d'un oiseau. L'un des cinq matelots se plaça au gouvernail, les autres saisirent les rames, Élim se plaça à l'avant.

— Bon voyage! crièrent les camarades.

Les amarres qui retenaient la chaloupe furent larguées, et la frêle embarcation, disparaissant au milieu de l'écume, sembla s'être engloutie dans les vagues.

II

LE NAUFRAGE

Le bateau reparut à vingt pas du navire dont il venait de se détacher, comme une feuille se détache de l'arbre, emportée par le vent.

Il y avait trois pouces d'eau dans la barque. Deux hommes continuèrent de nager; Élim et les deux autres vidèrent l'eau avec leurs chapeaux.

Puis les quatre rameurs se remirent ardemment à l'ouvrage.

Pendant ce temps, Élim ajustait le mât et hissait la petite voile.

Lorsqu'il eut achevé cette besogne et qu'il eut

regardé autour de lui, la flotte était déjà bien loin.

Il se retourna du côté des naufragés.

La planche à laquelle s'étaient cramponnés les trois malheureux s'enfonçait à chaque instant dans l'eau. A peine avaient-ils le temps de respirer en revenant à la surface de la mer; ils disparaissaient presque aussitôt.

— Lieutenant, dit le matelot du gouvernail, il me semble qu'ils ne sont plus que deux.

Élim fit le signe de la croix, selon l'habitude des Russes lorsqu'ils assistent au départ d'une âme vers le ciel.

— N'importe, dit-il; raison de plus. Courage, mes amis, courage!

La barque rasait la mer de temps en temps et se couchait sur les vagues de telle façon, que la pointe de la voile trempait dans l'eau.

Les rameurs continuaient de nager; mais, le plus souvent, les avirons ne battaient que l'air.

— Lieutenant, dit l'homme du gouvernail d'une voix sourde et en essuyant son front avec sa manche, il n'y en a plus qu'un...

— Tâchons au moins de sauver celui qui reste, dit le lieutenant en faisant un second signe de croix.

Puis, se dressant à l'avant et agitant son mouchoir :

— Courage! cria-t-il en anglais au dernier matelot; courage! tiens ferme! nous arrivons.

Mais il n'acheva pas même de prononcer ce dernier mot. La planche, qui s'était enfoncée tandis qu'il jetait cet encouragement au dernier naufragé, venait de reparaître seule et nue.

— Ah! s'écria le lieutenant désespéré et enfonçant ses mains dans ses cheveux, le malheureux n'a pas eu la force de nous attendre! Deux coups de rame encore, et nous y étions.

Au même moment, le cadavre reparut au haut d'une vague et sembla se dresser à moitié hors de l'eau.

Le lieutenant étendit la main comme pour le saisir; mais il était hors de sa portée : il s'écroula avec la vague et disparut pour toujours.

— As-tu vu, Yorsko, comme il avait les yeux ouverts? dit tout bas un des rameurs à son camarade.

— Oui, répondit celui-ci, et les poings fermés.

— Le lieutenant a oublié de faire le signe de croix pour celui-ci, dit un troisième.

— Il est capable de venir le tirer par les pieds pour lui rappeler son oubli, dit en riant Yorsko.

— Plaisante avec les vivants tant que tu voudras, Yorsko, dit sévèrement le marin qui était au gouvernail, et qui, étant plus vieux que les autres, avait une certaine autorité sur eux, mais pas avec les morts; ça porte malheur.

— Allons, enfants, dit le lieutenant d'une voix qui non-seulement couvrait les chuchoteries des matelots, mais qui encore se fit entendre malgré le sifflement du vent et les clameurs des vagues, nous n'avons pu sauver la vie des autres, songeons à la nôtre.

Un coup d'œil suffit au jeune lieutenant pour lui faire comprendre qu'ayant le vent de bout et la mer haute, il lui était impossible de retourner à la flotte. Sa seule chance était de courir devant le vent et de gagner la terre, d'y passer la nuit, et, si le lendemain le vent changeait, de mettre le cap sur *le Vladimir*.

En tentant d'aborder à gauche de la ville, il avait le vent grand largue, ce qui donnait à la petite embarcation la rapidité d'une flèche; seulement, la terre vers laquelle la tempête le poussait était une terre ennemie où, s'il était reconnu, l'attendait la mort, ou, tout au moins, la captivité.

Élim avait pris au gouvernail la place du vieux marin; trois hommes vidaient l'eau qui ne cessait d'embarquer le canot; les deux autres se tenaient prêts à tout événement. La barque marchait tellement inclinée, que deux des hommes, un couteau à la main, n'attendaient que l'ordre du lieutenant pour couper le cordage qui maintenait la voile.

Cependant, en voyant la tranquillité d'Élim, les marins, s'ils n'eussent pas été assez expérimentés pour juger eux-mêmes de la situation, eussent pu se croire hors de tout danger.

La nuit tomba tout à fait; mais, aux derniers rayons du jour, on avait pu voir, à une large raie d'écume qui s'étendait en avant de la plage, que la côte était défendue par une ligne de brisants.

Le vent poussait la petite embarcation droit sur cette ligne blanche qui apparaissait encore dans l'obscurité, et il aurait fallu que le canot qui rasait la mer eût les ailes de l'oiseau dont il portait le nom, pour franchir la terrible barrière contre laquelle on commençait à entendre les vagues se briser en rugissant.

— Tout à bas! cria Élim en s'adressant aux deux matelots qui se tenaient prêts à la manœuvre.

Un des matelots lâcha l'écoute et laissa filer le cordage; mais le vent était si violent, qu'il le lui arracha des mains; et la voile, en liberté, se mit à fouetter l'air avec une telle violence, que la *Mouette* trembla dans toute sa membrure et que tout son avant, entraîné par le poids de la voile, plongea dans la mer.

Mais, comme un coursier plein d'ardeur, égaré dans un gué trop profond, elle se redressa au-dessus de l'eau.

Seulement, encore un mouvement pareil et la barque était submergée.

Élim ne perdit pas de temps à ordonner la manœuvre; il plongea la main au fond de l'embarcation, saisit une hache, et, au moment où le petit mât pliait comme un roseau, il le frappa de toute la force de son bras.

On entendit un craquement prolongé et le mât s'abattit sur l'avant.

— Tout à la mer! cria Élim en reprenant sa place au gouvernail.

Les matelots, comprenant la nécessité de débarrasser l'embarcation de cette surcharge inutile, se jetèrent sur le mât aux trois quarts rompu, et, au bout de cinq minutes, le mât et la voile étaient à la mer.

Pendant ces cinq minutes, on s'était rapproché des brisants de telle façon, qu'il n'y avait plus moyen de manœuvrer ni à droite ni à gauche; par bonheur, le banc sur lequel la vague poussait nos aventureux marins était à fleur d'eau.

Élim eut l'espoir de le franchir.

— Tout à l'arrière! cria-t-il quand il vit que le canot allait heurter le roc.

Les matelots exécutèrent l'ordre; la moitié de l'embarcation sortit de l'eau comme un cachalot qui respire, et, au lieu que ce fût l'avant, ce fut l'arrière qui porta.

Le canot fut brisé en éclats; mais les marins et leur jeune commandant, lancés en avant, se trouvèrent dans une eau relativement calme, la violence de la mer s'épuisant sur les rochers.

— Du courage, mes amis, et droit à la côte! cria le jeune lieutenant. S'il y en a un de vous qui ne sache pas nager, ou qui se sente fatigué, qu'il s'appuie sur mon épaule.

Mais sa voix se perdit au milieu de la tempête. Les vagues, comme si elles eussent été furieuses de voir leur proie leur échapper, bondirent par-dessus les brisants et poursuivirent les nageurs.

Mais déjà ceux-ci étaient hors de l'atteinte des flots; ils sentaient la terre sous leurs pieds.

Élim s'arrêta pour s'assurer qu'aucun de ses hommes n'était resté en arrière. Ses cinq matelots étaient autour de lui.

— Ma foi, dit le vieux marin, j'ai bien cru un instant que le signe de la croix oublié nous porterait malheur; aussi, lieutenant, si j'ai un conseil à vous donner, c'est d'en faire deux au lieu d'un.

— Il y a eu un moment, dit Yorsko, où il m'a semblé que le maudit noyé me tirait par les jambes: aussi je lui ai allongé un coup de pied.

— Veux-tu savoir où il est, ton coup de pied? répondit un des marins à Yorsko, en lui montrant son œil couleur de la nuit. — Le voilà.

— C'est donc toi qui m'avais pris par la jambe, malavisé? lui demanda Yorsko.

— Écoute donc, quand on est au fond de la mer et qu'on vient de faire une cabriole comme celle que nous avons exécutée, on se rattrape où l'on peut.

Tout en plaisantant sur le péril qu'ils venaient de courir avec cet insouciant oubli du danger, qui est une des vertus des matelots de tous les pays, nos six naufragés, toujours conduits par le lieutenant, avaient atteint la digue.

La mer rugissait au-dessous deux; mais l'écume seule pouvait désormais les atteindre.

— Nous voilà sortis de l'eau, c'est très-bien, dit un des matelots; mais nous allons geler ici.

— Attends que le soleil des Cosaques paraisse, dit Yorsko, et tu te sécheras à ses rayons (1).

(1) Comme c'est surtout la nuit que les Cosaques vont en expédition, les Russes septentrionaux appellent la lune *le soleil des Cosaques*.

— Brrrou ! fit un autre, je fumerais bien une pipe.

— Quel malheur que tu n'aies pas eu plus tôt cette idée ! dit le matelot à l'œil poché ; tu aurais pu l'allumer aux trente-six chandelles que j'ai vues quand Yorsko m'a fait cadeau de son coup de pied sur ma lanterne.

Mais, tout en plaisantant, les pauvres diables grelottaient. Élim lui-même, malgré tout son courage et sa vaillante jeunesse, se sentait peu à peu envahi par le froid.

— Allons, allons, enfants, dit-il à deux matelots qui s'étaient couchés au milieu de la boue et paraissaient disposés à se laisser aller à l'engourdissement, levez-vous, et vivement ! Songez que ceux qui s'endormiront ici ce soir se réveilleront demain dans l'autre monde.

— Nous voilà, lieutenant ; après ? dirent les matelots en se secouant.

— Eh bien, après, mes amis, nous allons chercher un gîte où passer la nuit. Peut-être tomberons-nous chez de braves gens qui ne nous trahiront pas, et, demain matin, nous prendrons un bateau de pêcheur, et en mer !

Le vaillant jeune homme essaya de donner à ses marins un espoir qu'il n'avait pas lui-même.

— Seulement, ajouta-t-il, ne nous dispersons pas; suivez-moi, et parlez tout bas : songez que vou parlez russe et que nous sommes en Hollande.

— Oh ! moi, je puis parler, dit Yorsko : je connais la langue du pays.

— Tu sais le hollandais, toi? lui demanda Élim; où diable l'as-tu appris?

— Est-ce que je n'ai pas été marin d'eau douce avant d'être marin d'eau salée?

— Eh bien?

— Eh bien, à Kasan, j'ai appris le tatar.

— Et tu parleras tatar à ces Hollandais?

— Bon! Est-ce que tous les païens ne parlent pas la même langue, lieutenant?

Quoique la situation ne fût pas gaie, le jeune lieutenant du *Vladimir* ne put s'empêcher de rire de la conviction avec laquelle Yorsko émettait cette opinion quelque peu erronée sur la langue universelle, parlée par tous ceux qui ne professent pas la religion grecque, dans le sein de laquelle lui, Yorsko, avait eu le bonheur de naître.

Pendant dix minutes, à peu près, les matelots, guidés par Élim, marchèrent dans un étroit sentier, à dix pas duquel, tant l'obscurité était profonde, il leur était impossible de rien voir. De temps en temps, le jeune homme s'arrêtait; mais il ne pouvait entendre autre chose que le bruit du vent et le mugissement des flots.

Enfin, après avoir fait deux verstes, à peu près, nos voyageurs commencèrent à entendre un bruissement qui, au fur et à mesure qu'ils avançaient, prenait le dessus même sur le rugissement de la mer. Ils comprirent que c'était un torrent qui grondait ainsi, et, si sombre que fût la nuit, ils finirent par distinguer quelque chose de plus sombre encore qu'elle.

C'étaient les murailles d'un moulin.

— Halte! dit Élim.

— Et pourquoi donc halte, mon lieutenant?

— Parce que les Français peuvent être là.

— Mais, le diable y fût-il, sauf meilleur avis, je crois qu'il faudrait y entrer tout de même.

— C'est qu'il pourra bien y faire chaud, là dedans, si les Français y sont, dit le matelot à l'œil poché.

— Chaud? dit Yorsko. C'est justement ce que je cherche. J'avoue que je meurs de froid.

— Et moi, j'enrage de faim, dit un autre ; je suis capable de manger la roue du moulin.

— Votre avis, mes enfants? dit Élim ; car vous comprenez bien qu'entre nous, dans la situation où nous sommes, il n'y a plus ni supérieur ni inférieur. Il n'y a plus que des frères.

Les matelots se consultèrent.

— Eh bien, mon lieutenant, dit Yorsko, l'avis général est que tout est préférable à mourir de faim ou de froid.

— Et si les Français sont là ?... objecta le jeune officier.

— Ah ! que voulez-vous, mon lieutenant ! Eh bien, quoi ! on s'expliquera. En tout cas, ils ne commenceront pas par nous manger, que diable ! la bouchée serait trop grosse. Le pis qui puisse nous arriver, c'est d'être faits prisonniers.

— Sans doute ; mais avoue qu'il vaudrait encore

mieux bien souper, bien dormir et retourner demain au bâtiment.

Yorsko secoua la tête.

—Certainement que ce serait mieux encore, dit-il; mais je crois que vous en demandez trop à la fois, lieutenant.

— Qui sait? dit le jeune homme: ce moulin doit être à une certaine distance de la ville; eh bien, de bonne volonté ou de force, il faudra que le meunier nous cache; et, quand le jour sera venu, nous verrons. Armez-vous de tout ce qui vous tombera sous la main; moi, j'ai mon poignard; et entrons tout doucement.

La porte n'était fermée à l'intérieur que par une traverse en bois, et, à la première impulsion donnée à la porte, la traverse mal assujettie céda.

On était dans la cour: c'était déjà quelque chose.

Élim chercha la porte de la maison, et finit par la trouver.

Elle céda, comme celle de la cour.

La porte donnait dans un corridor noir; mais une lumière filtrant par-dessous une porte indiquait une chambre éclairée.

Le jeune lieutenant alla droit à la porte et l'ouvrit hardiment.

Il était au seuil d'une cuisine chaudement et ardemment éclairée.

Le feu brûlait gaiement dans une large cheminée, et, devant ce feu, une oie embrochée tournait gravement.

Cette cuisine était d'une propreté véritablement hollandaise. Les casseroles reluisaient aux murailles garnies de faïence, comme autant de soleils, et, au centre de ce système lumineux, ronde comme la terre, une table était servie avec plats, assiettes et verres.

Deux choppes énormes dominaient la table et laissaient à leur orifice apparaître, comme une frange d'argent, une mousse fraîche indiquant que la bière qui les remplissait venait d'être versée à l'instant même.

C'était, on en conviendra, une joyeuse vue pour des gens trempés jusqu'aux os et mourant de faim et de froid.

Il y avait là de quoi se réchauffer et de quoi se rassasier.

Mais, au grand étonnement des six naufragés, il n'y avait absolument personne dans la cuisine ; seulement, près de la porte, était couché un chien.

Il n'aboyait ni ne bougeait.

— Ah çà ! mais c'est la terre promise où Dieu a permis que nous abordions, dit Yorsko. Les chiens, à ce qu'il paraît, ne sont pas même de service la nuit.

Une porte donnait dans la cuisine.

Élim ouvrit cette porte et resta stupéfait d'étonnement. Il se trouvait au seuil d'une chambre où une femme, bâillonnée et les mains liées, était couchée sur le lit.

Il se retourna vers les matelots, qui l'avaient suivi sur la pointe du pied.

— Que signifie cela? demanda-t-il.

— Elle était probablement trop bavarde, répondit Yorsko.

— Bon! Et voilà un homme, dit le marin à l'œil poché, en trébuchant sur un corps.

— Par ma foi, c'est le meunier, dit Yorsko en se baissant pour regarder; un bel homme et qui se porte bien.

Le meunier poussa un gémissement, ne pouvant parler; car il était bâillonné comme sa femme.

Pendant ce temps, Élim écoutait à une porte conduisant à une autre chambre.

— Silence ! dit-il en faisant un signe de la main à ses compagnons.

On entendait un bruit de voix confus, des pleurs, des menaces, des malédictions.

Élim saisit quelques mots moitié allemands, moitié français.

Sans doute, ces mots lui parurent nécessiter sa présence, car il tenta d'ouvrir la porte ; mais, comme elle était fermée, il la secoua rudement.

La porte tint bon.

— Ouvrez ! cria-t-il en français.

Puis, en allemand :

— *Machen sie auf*, répéta-t-il.

— Pourquoi faire ? répondit une voix en français.

— Ouvrez et vous le saurez ! cria Élim.

— Va te faire pendre ! répondit une voix, et laisse-nous faire notre affaire.

Et les cris redoublèrent.

— Vous nous permettez, mon lieutenant ? dit Yorsko, qui n'avait pas lâché ses deux pierres.

Élim démasqua la porte. Yorsko posa l'une de ses deux pierres à terre, souleva l'autre à deux mains au-dessus de sa tête, et, avec la force d'une catapulte, il l'envoya dans la porte, qui vola en éclats.

Un tableau inattendu s'offrit aux yeux du lieutenant et de ses hommes.

Quatre de ces maraudeurs qui n'appartiennent à aucun pays, mais qui suivent les armées comme les loups et les corbeaux, déguenillés, demi-ivres, avec des lambeaux d'uniforme, étaient occupés à dévaliser la chambre.

L'un d'eux tenait son sabre levé au-dessus de la tête d'un vieillard assis dans un fauteuil, tandis qu'un autre fouillait dans ses poches ; un troisième tenait au bout de son pistolet une jeune fille à genoux et implorant pour son père ; un quatrième finissait une bouteille de vin préparée pour le souper, tout en fourrant dans sa poche l'argenterie qu'il avait enlevée de la table ; un cinquième brisait, dans un coin de la chambre, le cadenas d'un coffre.

— A moi, mes amis ! cria Élim en se jetant sur celui de ces coquins qui menaçait la jeune fille.

— Ah ! voleur ! s'écria Yorsko en envoyant son second pavé dans les côtes de l'homme qui tenait son sabre levé au-dessus du vieillard.

— Misérables ! crièrent les autres en s'élançant, le bâton levé, sur chacun des acteurs de cette scène.

— Nous sommes cernés ! s'écrièrent les maraudeurs sans même tenter de résistance ; sauve qui peut !

Et, brisant une fenêtre, sans savoir sur quoi donnait cette fenêtre, ils s'élancèrent hors de la chambre.

La fenêtre donnait sur le torrent.

Les cris des deux ou trois premiers donnèrent aux

autres une certaine hésitation ; mais, pressés par le poignard du lieutenant et par la baïonnette de celui qui essayait de briser le coffre, et que Yorsko avait ramassée, il leur fallut suivre le chemin indiqué par leurs compagnons.

Tout cela avait été l'affaire d'un moment.

Le vieux Hollandais, vêtu d'une robe de chambre et toujours étendu dans son fauteuil, avait vu ce qui s'était passé avec un profond étonnement.

Une demi-douzaine d'hommes à moitié nus, avec de longues barbes, appartenant Dieu savait à quelle race, lui donnaient à croire, avec une grande probabilité, qu'il avait seulement changé de voleurs. L'exclamation : « Dieu tout puissant ! puis un *ah ! ah !* qui se changea en *oh ! oh !* et qui finit par un *eh ! eh !* prouvaient que son cerveau était momentanément ébranlé.

Mais sa fille était plus reconnaissante que lui, ou

elle, du moins, manifesta sa reconnaissance d'une façon plus visible. Il ne lui avait pas été difficile de reconnaître dans les six hommes qui venaient d'entrer un chef quelconque et cinq subalternes. Le passage inattendu de la crainte à la joie l'avait tellement surprise ; cette joie était si grande, qu'elle avait failli se jeter au cou du jeune officier; mais elle s'était contentée de le saisir par la main et de le remercier, les larmes aux yeux, pour l'assistance qu'il venait de leur donner. Élim saluait la jeune fille, la jeune fille faisait des révérences à Élim en riant et en pleurant tout à la fois. Le vieillard, toujours plongé jusqu'au cou dans son fauteuil, les regardait avec des yeux étonnés, tandis que Yorsko et ses camarades, rangés comme s'ils attendaient l'inspection, les regardaient avec le rire silencieux des subordonnés de tous les pays devant leur supérieur.

Enfin, en remarquant la physionomie ouverte et

noble du jeune homme, le vieillard respira plus librement. Il se souleva, appuyé d'une main sur le bras de son fauteuil, et, de l'autre, ôtant son bonnet de nuit :

— A qui dois-je exprimer ma reconnaissance ? demanda-t-il en français, ayant entendu le jeune officier russe se servir plus particulièrement de cette langue.

— A un homme jeté par la tempête sur vos côtes, répondit Élim, et qui vous demande, non pas l'hospitalité, mais un refuge. Je suis officier russe.

Et, à ces mots, enlevant son manteau, il parut en uniforme.

— Un officier russe ! s'écria le Hollandais en retombant sur son fauteuil, comme si cette nouvelle l'avait anéanti. *Myn God !*

Un pareil début n'annonçait rien de bon à Élim ; il savait qu'il existait en Hollande un grand nombre de partisans du roi Louis, et il se pouvait bien que le maître de la maison fût un de ces partisans.

Élim reprit donc :

— Puis-je espérer, monsieur, trouver en vous un ami, ou, du moins, un ennemi ami? Si vous ne voulez pas nous cacher pour quelque temps, au moins ne nous livrez pas aux Français.

— Permettez, permettez, jeune homme, reprit vivement le vieillard. — August van Naarvaersen ne fut jamais un traître, et tous les Hollandais, depuis le premier jusqu'au dernier, sont amis des Russes depuis votre Pierre le Grand, et surtout moi, attendu que le grand-père de ma femme a été, à Saardam, le maître charpentier de votre empereur. Chez moi, toi et tes compagnons, vous êtes donc hors de danger, pour quelques jours du moins. Voilà ma main, l'affaire est faite. Et maintenant, mon ami, comment t'appelles-tu, saperloot ?

— Élim Melosor, répondit le jeune homme, enchanté de la tournure que prenaient les choses.

— Eh bien, mon ami Élim Melosor, continua le vieillard, débarrasse-toi de ton uniforme ; après quoi, le verre à la main, nous verrons à arranger tout cela.

Le vieillard alors se décida à se lever définitivement de son fauteuil. Yorsko avait déjà délié la femme et l'homme qu'on avait trouvés dans la première chambre, et, sur l'ordre de son maître, la cuisinière reconnaissante, — la cuisinière que Yorsko avait eu le bonheur de secourir, — la cuisinière reconnaissante avait emmené souper les cinq marins.

Quant à Élim, le vieillard s'en était chargé : il l'avait conduit dans un grand cabinet, lui avait donné une robe de chambre et du linge ; en un mot, il l'avait soigné comme il eût fait de son fils.

Après dix minutes employées à son changement de toilette, le jeune officier entra dans la salle à manger; il était tout confus de se présenter en pantoufles et en robe de chambre à ramages aux yeux de la fille de son hôte.

Par bonheur, la situation l'excusait.

On servit le souper.

Élim commença de se sentir tout autre qu'il n'était une heure auparavant. Ses vingt-cinq ans, qui n'étaient pas restés au fond de l'eau avec sa casquette, une chambre chaude, un bon souper, du vin vieux, une belle jeune fille, un hôte souriant, non-seulement lui rendirent sa gaieté accoutumée, mais le firent plus gai qu'il n'avait jamais été peut-être. Il but avec son hôte, rit avec la fille, et mangea, en homme incertain de l'avenir, pour le jour et pour le lendemain.

Oh ! je sais bien que ce que je viens d'énoncer est

en dehors des habitudes de tous les héros de roman, qui ne boivent ni ne mangent.

Que voulez-vous ! Sans doute, les auteurs du commencement de notre siècle avaient tous des gastrites; mais nous sommes au milieu : tout a suivi la loi du progrès. Aujourd'hui, la littérature est réaliste comme la nature elle-même. Il n'y a plus que les colibris qui vivent du parfum des roses et des gouttes de rosée..

Le rossignol interrompt sa chanson et descend du ciel pour ramasser un ver sur la terre.

Élim, comme tous les Russes de distinction, parlait parfaitement le français. L'allemand était, en outre, presque sa langue maternelle, car il avait été élevé par sa mère, qui était Allemande. La conversation ne souffrait donc aucune difficulté; August van Naarvaersen et sa fille parlaient justement ces mêmes langues.

Au dessert, le jeune lieutenant, qui ne s'était jamais senti si heureux, devint d'une gaieté folle ; il raconta des histoires qui réjouirent son hôte au delà de toute expression. Le grave Hollandais n'avait jamais tant ri de sa vie.

— Ah ! cher Élim, s'écria-t-il en se renversant dans son fauteuil et en comprimant son gros ventre dans ses deux mains. Ah ! mon Dieu ! que tu es décidément un brave garçon ! Oh ! tu peux être tranquille, nous ne te laisserons point partir comme cela ; n'est-ce pas, Jane ?

La jeune fille rougit. Il était facile de voir que, si elle était chargée de retenir le jeune homme par le pan de son manteau, elle n'ouvrirait pas de sitôt la main.

— En vérité, dit le jeune homme, je ne sais comment vous exprimer ma reconnaissance.

— Bon ! tu as payé ton logement d'avance, dit le

vieillard. Sais-tu de quelle perte tu m'as sauvé, saperloot? Ce n'est pas une bagatelle. J'ai reçu des Français aujourd'hui, pour une fourniture de drap, vingt mille pièces d'or. Ces damnés maraudeurs allaient me les prendre lorsque tu es arrivé. Tu es tombé du ciel, mon cher Élim, et jamais nulle part tu n'arriveras plus à propos et pour être mieux reçu.

— Tombé du ciel! tombé du ciel! répéta Élim : dites sorti de la mer, mon cher hôte; mais, si j'ai eu la bonne chance d'effrayer ces drôles, je vais avoir la mauvaise de fuir à mon tour. Il faudra nous déguiser demain en sacs de farine, mynheer August van Naarvaersen.

— Ah çà! est-ce que tu penserais par hasard qu'August van Naarvaersen, comme tu dis si bien, c'est-à-dire le premier fabricant de drap de toute la Hollande, habite un moulin? Saperloot! non mon cher. Apprends une chose. J'étais en retard, et je suis resté ici pour y passer la nuit, après avoir envoyé ma voiture à la ville faire quelques achats. Demain matin, nous partirons pour la fabrique; nous renfermerons les matelots dans une chambre à part, où ils ne baragouineront pas trop haut, et par la fenêtre de laquelle ils ne montreront pas leur barbe, mais dans laquelle ils seront bien nourris et bien abreuvés. Quant à toi, tu seras notre parent arrivé de Francfort-sur-le-Mein; puis, à la première occasion, on te trouvera des hommes sûrs pour te reconduire chez toi.

Élim était ravi; la pensée de passer plusieurs jours avec la charmante Jane le rendait, il ne savait pourquoi, l'homme le plus heureux de la terre. Plusieurs jours! A vingt-cinq ans, c'est un siècle, comme une pièce d'or est la richesse d'un enfant

Il se leva donc, plein d'espérances inconnues,

souhaita la bonne nuit au vieux Hollandais et à sa fille, se coucha et s'endormit profondément.

Et, toute la nuit, l'oiseau d'or des rêves chanta dans son cœur sa plus douce chanson.

III

LE VOYAGE

Élim se réveilla tard et sauta à bas de son lit. De l'eau fraîche et du savon parfumé effacèrent les dernières traces de la tempête de la veille. Sa toilette fut courte; il tenait de la nature ce qu'elle donne à ses privilégiés et ce qui simplifie toutes les toilettes : la beauté et la jeunesse.

A sa grande joie, au lieu de sa robe à ramages,

il trouva un costume complet à sa taille, apporté dès le matin de la ville. Il s'habilla donc en simple bourgeois, ce qui était plus sûr pour le moment qu'un uniforme russe, si élégant qu'il fût, et entra dans la salle à manger, où bouillait déjà le somavar.

— Oiseau tardif, saperloot ! oiseau tardif ! dit le vieil Hollandais en tendant la main au lieutenant. Long sommeil, doux rêves, n'est-ce pas ?

Élim sourit.

En ce moment, Jane entra, et, levant timidement sur lui ses beaux yeux bleus :

— Bonjour, monsieur Élim, dit-elle.

Élim voulut répondre à ce souhait si simple, mais il rougit comme le ciel au matin. Sa langue s'embarrassa, et Jane lui parut si belle, qu'il ne put que la regarder avec une expression plus éloquente que toutes les paroles.

En effet, elle était charmante dans sa toilette du matin.

Un petit bonnet, ou plutôt un simple carré de dentelle posé sur sa tête et assujetti sous le menton par un ruban rose, laissait fuir de tous côtés une foule de cheveux blonds, lesquels encadraient un visage si frais, si velouté, que, près de lui, c'était le ruban qui pâlissait. Dans chacune de ses joues était creusée une de ces fossettes que les poëtes du XVIIIe siècle appelaient des nids d'amour. Enfin sur sa poitrine, soulevée par l'émotion, Élim, en sa qualité de marin, crut reconnaître deux vagues qui, mécontentes de leur digue de mousseline, essayaient incessamment de la rompre. Au-dessous s'arrondissait une taille si flexible, qu'elle semblait, pour ne pas se briser, implorer le secours d'une main protectrice. Enfin, tout l'ensemble ravissant de cette fleur de seize ans était terminé par deux pieds qui semblaient avoir été faits sur le moule de la pantoufle de Cendrillon.

Élim en était encore à cet âge où l'homme ne cherche pas une liaison, mais est avide d'amour, et, obéissant aux entraînements de son cœur, n'éprouve qu'un besoin, celui de ne pas aimer inutilement. Plus tard, fatigué des caprices de l'amour, il cherche plutôt l'esprit que le sentiment, et un esprit brillant l'attire mieux qu'un cœur timide.

Élim n'avait pas encore atteint cette sublime sagesse. En donnant son cœur, il demandait en retour un autre cœur. Il aimait pour aimer et non pour raisonner l'amour. Son cœur vola au-devant de celui de la jeune fille, qui, la veille encore, était une petite fille jouant à la poupée et n'ayant encore fait aucune attention à ces automates qu'on appelle des Hollandais. Seize ans est un âge terrible pour une jeune fille. Une charmante figure, un caractère gai et franc, et surtout la résolution avec laquelle elle voulait sauver les malheureux qui étaient venus demander un asile au moulin, tout cela formait une de ces situations où les sentiments, en se heurtant, font jaillir les étincelles brûlantes auxquelles s'enflamme le cœur; de sorte que, Jane ne cachant point sa sympathie pour Élim, si ignorant en amour que fût notre jeune lieutenant, il fallait bien qu'il s'aperçût que Jane était loin d'avoir de l'aversion pour lui. Dès le lendemain du jour où ils avaient fait connaissance, ils causaient déjà tout couramment, sinon avec la bouche, du moins, ce qui souvent est plus dangereux encore, avec les yeux.

Occupé de la contemplation de la jeune fille, ou plutôt absorbé dans cette contemplation, le jeune marin répondait distraitement aux questions et aux plaisanteries de maître August, qui, au reste, quand il prenait son café, fumait sa pipe ou lisait la *Gazette du Commerce*, s'absorbait tellement dans ces graves occupations, qu'il ne voyait ni n'entendait plus rien autour de lui.

Cependant, dans un de ces moments-là, le bruit d'une porte qui s'ouvrait en criant sur ses gonds attira l'attention de tout le monde.

Le personnage encore inconnu de nos lecteurs, et qui venait ainsi se mêler inopinément à la vie de nos héros, était grand de taille, maigre et serré dans un habit noir. Sa figure ressemblait à un cadran solaire, tant son nez sortait de son visage à angle droit et prolongé. Il avait l'habitude, par un léger plissement de front qui n'appartenait qu'à lui, de relever de telle façon ses sourcils et ses paupières, que l'on eût cru que ses sourcils voulaient s'envoler et ses paupières prendre la place de ses sourcils. Parfois on voyait qu'il faisait un effort pour sourire; mais l'effort était impuissant.

C'était le caissier de van Naarvaersen. On pouvait deviner ce titre au grand livre qu'il tenait sous le bras. Au milieu de ce livre était écrit sur un cœur de maroquin rouge :

Groot book (grand-livre).

— Ah ! sois le bienvenu ! s'écria maître August en l'apercevant, nous t'attendions. Donne-moi une prise, Quenzius.

Quenzius pouvait, aussi bien que Quenzius, s'appeler la tabatière du maître. Il ouvrit donc une gigantesque tabatière en harmonie avec le nez qu'elle avait l'honorable mission d'approvisionner et la présenta avec respect au maître de la maison.

— Eh bien, qu'y a-t-il de nouveau dans la ville ? demanda le père de Jane en respirant longuement et bruyamment sa prise de tabac.

La bouche de Quenzius, qui, au repos, était représentée par une ligne bleue qui se perdait dans la couleur de ses joues, s'ouvrit comme une fenêtre.

— Il n'y a rien, répondit-il.

— Que disent les orangistes? Que font les napoléoniens?

— Tout est aujourd'hui comme hier, répliqua l'homme au gros livre.

— Je te reconnais bien là, frère Quenzius! discret comme un frère de la Trappe. Si j'étais roi, je te ferais mon secrétaire. — As-tu pris un reçu de van Seinten pour le drap que tu lui as livré?

Cette question parut être fort agréable au caissier. Fièrement il ouvrit son livre et montra au maître une page pleine de chiffres. Le visage de celui-ci rayonna.

— Bonne affaire! beau profit! dit-il entre ses dents; décidément, ma fabrique ne ressemble pas aux jardins suspendus de Babylone et mon crédit est plus solide que les pyramides d'Égypte. Eh bien, messieurs, maintenant, *in God's naam*, au nom de Dieu, l'on peut partir.

Tout était préparé pour le départ ; en un instant une voiture, attelée de quatre grands chevaux, fit trembler la chaussée, et nos voyageurs se mirent en route pour la principale fabrique de maître August.

Le père et la fille se placèrent sur la banquette de derrière ; Quenzius et Élim, sur celle de devant.

Le jeune officier était si joyeux de se trouver ainsi en face de la belle Hollandaise, que tous les objets que l'on rencontrait sur la route, si intéressants qu'ils fussent, ne pouvaient détourner les yeux d'Élim de leur contemplation. Notre jeune homme était si heureux de voyager ainsi, qu'il eût voulu ne jamais s'arrêter. Tout son univers était avec lui. On eût dit qu'il avait laissé le passé avec sa casquette au fond de la mer, et qu'il entrait dans un autre monde et dans un nouvel avenir. Il ne demandait qu'une chose à la destinée : c'était de creuser sur la route le plus grand nombre de trous possible, et cela vous devinez pourquoi, chers lecteurs, si jamais vous avez été en voiture avec une femme que vous aimiez. C'était pour que son genou touchât le genou de Jane.

Il serait curieux d'expérimenter quelle charge d'électricité peut contenir le genou d'une jeune fille.

C'est donc inutilement que le lecteur attendrait d'Élim la narration de son voyage et un croquis, même le plus léger, des villes, bourgs et paysages qu'il traversa. Mais, en échange, il savait par cœur la topographie de la jeune fille, et il eût pu nous parler savamment du moindre petit grain de beauté semé par la nature sur son visage et sur ses épaules.

Pendant ce temps, la voiture roulait rapidement, s'approchant de la fabrique. Élim avait oublié le monde entier. Les dissertations scientifiques du vieillard sur les digues frappaient à la porte de son oreille, mais n'y entraient pas.

De pareilles heures sont douces et reviennent rarement!

Enfin, l'on arriva : les portes s'ouvrirent, Elim se réveilla; mais, quand la petite main de Jane serra la sienne en descendant de voiture, lorsqu'une douce voix articula ces mots : « Voici votre prison, Élim! » il eût juré que la maison de van Naarvaersen, bâtie dans le lourd goût flamand, était la huitième merveille du monde.

Pour dire vrai, cette maison, construite sur la grande place, ressemblait beaucoup à un château de cartes.

Une élévation, tenant lieu de perron, régnait sur toute la longueur de la bâtisse, et un balcon suspendu en ombrageait le rez-de-chaussée. Quoique l'automne fût très-avancé, la cour était propre; les murs, bien lavés au savon, brillaient comme des glaces ; les portes et les fenêtres étaient garnies en bronze et en argent; on voyait éclater partout un ordre merveilleux.

Jane, légère comme la plume qui flotte au vent, se jeta au cou de sa mère, bonne et franche Hollandaise dans toute la force du terme.

Si vous avez vu, à l'Ermitage de Saint-Pétersbourg, la poupée d'Amsterdam avec laquelle jouait Pierre le Grand dans sa jeunesse, vous avez vu la mère de Jane; et cependant cette grosse bonne petite femme était la créature la plus caressante du monde.

Elle prit Élim par la main et le mena visiter les appartements. Chaque rareté devenait un supplice pour Élim. Le jeune homme écoutait sans rien entendre, regardait sans rien voir. Après avoir parcouru toutes les chambres, où était entassé un monde de richesses, on arriva à la chambre à coucher de parade. C'était un magnifique dessert après un splendide dîner. Madame van Naarvaersen montra fièrement à Élim les tapis brodés par elle, les dentelles séculaires, les couvertures de brocart, et elle jouit franchement de sa stupéfaction à la vue du lit de noce, vaste établissement qui semblait avoir été fait pour être habité non-seulement par un mari et une femme, mais encore par toute leur postérité. Des piles de coussins qui allaient toujours en diminuant, semblaient monter à l'immortalité en une double pyramide ; un baldaquin, en dentelles pareilles aux nuages qui accompagnent les gloires à l'Opéra, descendait du ciel jusqu'à terre, et une couverture de satin blanc s'étendait sur l'immense surface du lit, pareille, pour la couleur, à la surface d'une mer d'azur pendant les beaux jours de l'été. Le mortel qui oserait coucher dans ce lit des dieux courrait certainement risque d'être noyé dans les vagues de plumes et dans les flots de duvet. Ce fut sans doute pourquoi Élim se contenta de le regarder.

Initié à tous les mystères de la maison de van Naarvaersen, Élim se reposa, à table, de toutes ses fatigues, et, après avoir gaiement fini la soirée, il s'endormit, complétement satisfait de son sort.

IV

LE SÉJOUR

La vie des habitants de Vlam-huis était des plus tranquilles, et nous oserons même dire, des plus monotones.

Le maître était presque toujours occupé de sa

fabrique, et la maîtresse, quoiqu'elle prétendît avoir laissé là toutes les petites affaires de ménage, s'en occupait, au contraire, avec fanatisme.

C'était la seule passion que la bonne femme eût jamais eue.

L'homme, si on le juge par les apparences du moins, est créé pour la vie nomade; la femme, au contraire, pour l'existence sédentaire. Elle est, par sa nature, appelée à embellir la vie intérieure.

Le feu de la cuisine est le soleil d'une bonne ménagère.

Vous n'eussiez pas un instant douté de cette vérité si vous aviez vu madame Naarvaersen tournant autour de son feu comme une planète et empruntant de lui sa lumière et son éclat. On eût dit qu'elle entendait la langue muette de la vaisselle cassée sur laquelle apparaissaient les traces d'un long service. Là, on pouvait voir, comme dans un autre hôtel des invalides, une théière sans nez, une tasse sans bras, une cafetière sans jambes; mais, de tous les blessés, l'intelligente maîtresse de la maison continuait à tirer d'importants services. Quant à l'assaisonnement et à l'invention des mets, elle ne le cédait en rien au fameux Vatel, quoique je doute qu'elle eût porté aussi loin que lui le désespoir pour un retard de la marée. Ses cornichons, par exemple, fêtés à quarante lieues aux alentours, étaient quelque chose de merveilleux. En outre, elle avait découvert ou plutôt inventé un mets au poisson qui, jusque-là, n'existait dans aucun livre de cuisine, et dont elle ne voulait confier le secret à sa fille que le jour de son mariage.

Il en résultait que, comme la mère de Jane passait tout son temps à la cuisine; que, comme le père ne rentrait à la maison que pour le dîner, Élim, assis près du métier à broder de Jane, avait tout le temps de la regarder et de causer avec elle. Cette contemplation et cette causerie n'étaient interrompues que par la lecture de quelques vers, ou quand Élim s'amusait à dessiner en l'absence de la jeune fille. Dans ces entr'actes, que l'on pourrait à plus juste raison nommer l'exposition du drame, Élim lui racontait, avec une chaleur capable d'en faire fondre les neiges, les hivers de la Russie, les plaisirs du traînage, et les belles nuits d'été si bien chantées par Pouschkine, et pendant lesquelles le soleil semble ne pas quitter l'horizon.

Et Jane s'écriait :

— Oh ! que je voudrais voir tout cela !

— Pourquoi pas? répondait en riant Élim.

Et il la regardait avec une expression qui complétait sa pensée.

Jane alors baissait les yeux avec un profond soupir et se remettait à travailler.

A quoi pensait-elle alors?

Autrefois, j'aurais pu vous le dire; mais j'ai oublié maintenant ce à quoi pensent les jeunes filles.

Élim, déjà gai de sa nature, et, dans cette occasion, surexcité par le plaisir de plaire, devenait charmant; mais il avait à côté de lui un caractère encore plus gai et plus riant que le sien.

C'était celui de Jane.

Élevée dans une pension française, elle avait toutes les bonnes qualités d'une Française, auxquelles elle joignait la franchise de sa patrie; ajoutez à cela une beauté réelle et s'épanouissant chaque jour de plus en plus, rehaussée de toutes les grâces de l'adolescence.

Tout cet ensemble rendait parfois Élim bien pensif : il est vrai que cette rêverie lui était souvent plus douce que la joie elle-même; mais, quant à Jane, elle était toujours joyeuse. L'amour ne lui était encore qu'un joyau : elle n'en connaissait ni le bonheur ni les tourments. Souvent cette égalité d'humeur faisait enrager Élim ; mais sa colère tombait vite sous les railleries de Jane, et les deux jeunes gens se remettaient bientôt à rire comme deux enfants.

Ainsi se passa une semaine de temps pluvieux.

Enfin, le ciel s'éclaircit, et Jane proposa une promenade au jardin, véritable jardin hollandais. Les chemins étaient sablés de sable fin et brillant; tous les monticules étaient soignés comme des gâteaux d'amandes; les arbres étaient taillés en charmille; les buissons, en vase de fleurs, en colonne ou en éventail. La création semblait avoir passé sous le rabot du menuisier.

Rien n'avait gardé sa forme naturelle. Il y avait un pont sur lequel n'auraient pu se croiser deux poules, des fleurs en acier, des Chinois en bois, se cachant du soleil d'été sous des parasols au mois d'octobre; un chasseur ajustant un canard qui, depuis vingt ans, n'avait pas eu l'idée de s'envoler du lac.

En voyant une cigogne sur une tour, Élim demanda si elle n'était pas de marbre.

— Ah ! monsieur Élim, dit Jane en riant, nous ne sommes pas tout à fait païens, et, quoique, chez nous comme chez les Égyptiens, cet oiseau soit l'objet d'une espèce de culte, nous ne lui construisons pas encore un temple et ne l'adorons pas comme une idole.

— C'est dommage; car maître Quenzius me paraît créé et mis au monde pour être prêtre de ce dieu lare, dont il a à la fois le nez et la bouche.

— Et que dites-vous de notre jardin ?

— Il est fort curieux ! c'est un musée de raretés. Quel malheur que je ne puisse pas le voir en fleur et en verdure !

— Vous pouvez vous en consoler. Sous le ciseau du jardinier, il est exactement le même, été comme hiver. Seulement, peut-être est-il encore plus triste l'été. Quant aux fleurs, je vous montrerai leur royaume, où elles fleurissent comme vos belles du Nord.

Jane ouvrit la porte de la serre. Une petite tourelle à travers laquelle ils passèrent, était occupée par des oiseaux ; derrière un rideau de fils de fer sautillaient et volaient une grande quantité d'oiseaux rares. Quelques-uns venaient se poser sur les doigts de Jane et manger du sucre dans sa bouche.

Élim souriait à cette idylle.

— C'est charmant, dit-il ; mais, au bout du compte, vos hôtes sont des captifs.

— Qu'importe, si je fais mes hôtes gais et heureux ? Si je donnais la liberté aux pauvres animaux, qui presque tous viennent des pays chauds, ils périraient infailliblement.

— Vous êtes si bonne, chère Jane, que, même à un faucon, vous feriez oublier sa liberté.

— Un faucon ! merci ; ce n'est pas la coutume aujourd'hui que les dames portent sur leur poing un oiseau de proie. Non, j'ai peur des faucons, et pour moi et pour mes oiseaux.

— Vous vous trompez, Jane ; un faucon bien apprivoisé est un charmant oiseau. Chez vous, il vivrait de bonbons et de caresses.

— Oui, pour s'envoler un beau jour.

— Non, pour rester sous votre toit comme un pigeon.

— Vous me faites là un joli conte, Élim. Pensez-vous que je croie qu'un faucon porte des griffes comme simple ornement ? Mais laissons les oiseaux pour les fleurs. Les fleurs, c'est la société favorite de mon père.

— La culture des fleurs est une amusante occupation pour les vieillards, comme souvenir des plaisirs passés. C'est une leçon utile pour les jeunes gens.

— Oui, monsieur le philosophe; et, moi aussi, je les aimerais si elles duraient plus longtemps. Il faut avoir mille cœurs, ou un seul bien froid, pour les voir mourir.

— Les fleurs sont plus heureuses que nous, Jane : nous mourons comme elles, et elles ne souffrent pas comme nous.

— Oui; mais, en revanche, elles ne connaissent pas nos plaisirs; et je n'envie pas le sort des fleurs, je vous l'avoue... Vous êtes botaniste, Élim!

— Oh! je suis amateur seulement, Jane, simple amateur. Les noms de *bulbata*, *barbata*, *grandifolia*, *grandiflora*, sont pour moi comme un alphabet arabe.

— Et vous ne rougissez pas d'avouer votre ignorance, étant dans le temple des fleurs du plus célèbre botaniste de la Hollande?

— Non-seulement j'avoue cette ignorance, mais je ne m'en repens pas. Je suis comme le rossignol des poëtes persans : j'adore la rose, la seule rose blanche.

— Ce n'est pas assez, Élim, et, si vous voulez conquérir une place durable dans l'estime de mon père, il faut que vous sachiez lui parler des tiges, des feuilles, des pétales et des pistils de toutes les fleurs rares.

— Votre conseil est une loi, Jane. Je suis prêt non-seulement à me suspendre aux fleurs comme une abeille, mais à pousser moi-même hors de terre comme une fleur, si vous voulez m'arroser de l'eau parfumée de votre science. C'est de Flore seulement que je puis apprendre les routes de son royaume et les noms de ses sujettes et de ses sujets. Commençons nos leçons à partir d'aujourd'hui.

— Volontiers. Voyez cette fleur; cette fleur, par exemple, elle s'appelle *aster*.

— Cela signifie *étoile*, dit Élim. Je connais, moi, deux étoiles. Le ciel n'en a pas de plus claire et de plus brillante, et c'est par elles seulement que je voudrais guider mon vaisseau sur l'Océan.

— Ah ! laissez, je vous prie, votre Océan, qui me fait si grand'peur depuis que vous avez failli vous noyer, et descendons du ciel, où nous ne sommes pas digne d'avoir notre demeure.

— C'est la chose du monde la plus facile quand le ciel descend sur la terre.

— Oh ! que votre poésie est donc embrouillée, Élim ! N'est-ce pas cela qu'en français on appelle du pathos? Tenez, voici une parente de votre bien-aimée rose : c'est la rose moussue.

— Ne trouvez-vous pas qu'elle a l'air d'une frileuse dans sa pelisse?

— Voilà le *feu chinois.*

— Qui brûle seulement lorsqu'il est dans vos mains.

— Voici une fleur qui crie, à ce qu'assurent les Indiens, lorsqu'on l'arrache de sa tige.

— Et probablement elle crie : « Ne me touchez pas ! »

— Aucune n'a jamais pu me crier cela, car à aucune je n'ai fait de mal. Maintenant, gare au sommeil ! voici toute la famille des pavots.

— Je ne crains pas qu'ils m'endorment ; je suis trop près du contre-poison, et je dis cela par expérience, car, lorsque vous me dites : « Bonne nuit, Élim ! » j'ai remarqué que je ne dormais pas de toute la nuit.

— Pauvre Élim ! Maintenant, je comprends pourquoi il vous arrive de rêver pendant le jour. Mais où nous étions-nous arrêtés ? A cette tulipe ? Mais non, voilà votre distraction qui me gagne, monsieur mon élève. Passons à ce cactus qui fleurit une fois par an, et encore la nuit. Le pauvre éphémère vit deux heures; après quoi, ses feuilles tombent.

— Deux heures! mais, au moins, il fleurit; pendant deux heures, il plait aux beaux yeux qui le regardent. Au prix de plusieurs années de ma vie, je voudrais fleurir et être aimé pendant deux heures.

Et Élim regarda Jane avec passion. Jane vit ce regard et baissa les yeux.

— Il fait horriblement chaud ici! dit-elle en rejetant sur ses épaules le châle qui montait jusqu'à son cou.

Et elle ouvrit la porte de la serre.

— Voyons, dit-elle, répétons cette première leçon, et voyons quelle place aura gagnée mon élève : en pénitence dans un coin ou la permission de jouer dans la cour. Ainsi, par exemple, monsieur Élim, faites-moi la grâce de me dire quelle est cette fleur, demanda-t-elle en cueillant une tubéreuse.

— Je ne sais pas, répondit Élim en regardant toujours la jeune fille.

— Mais que savez-vous donc, Seigneur mon Dieu? s'écria-t-elle.

— Aimer, et aimer avec passion! lui dit le jeune homme en lui saisissant les deux mains.

— Et que veut dire cela, aimer? demanda Jane avec une naïveté qui n'avait rien d'affecté.

Supposez la question faite par une femme de trente ans, cher lecteur, ce sera une finesse au lieu d'une naïveté.

J'ai lu dans les livres, et j'ai entendu tant de dissertations sur l'amour, que je suis prêt à dire comme Jane : « Qu'est-ce qu'aimer? »

Les uns disent qu'aimer, c'est désirer; un autre, qu'aimer, c'est oublier complétement le côté matériel de l'amour. Les uns disent qu'il n'y a pas d'amour sans argent; les autres, que les riches ne sauraient jamais aimer. Et vous avez beau, philosophes réalistes, spiritualistes, épicuriens, platoniciens et même amoureux, raisonner sur l'amour, plus vous entasserez raisonnements sur raisonnements, plus la question sera embrouillée.

Ne vous étonnez donc pas, cher lecteur, du trouble où cette simple question jeta notre amoureux. Il ne trouva pas un mot à répondre et baissa les yeux sur la fleur que Jane tenait à la main; et, sans songer à ce qu'il répondait :

— C'est une campanule, dit-il.

Jane éclata de rire.

Ah! dit-elle, vous êtes un cruel élève, et je ne crois pas que, dans votre mémoire plus que dans la neige de Pétersbourg, dont vous me parliez l'autre jour, on puisse semer des fleurs.

— Je vous l'avoue, Jane, je ne comprends les fleurs qu'en couronne. Un oiseau de paradis nous paraît beau, nous n'avons pas besoin pour cela de connaître son vrai nom : nous savons qu'il vient du ciel, voilà tout. Supposez que, ni vous ni moi, Jane, ne connaissions le nom de la rose, en sentirions-nous moins son parfum pour cela?

— Oui; mais mieux vaut, il me semble, sentir l'odeur et, en même temps, connaître le nom de la fleur que l'on respire? Les campanules n'ont pas ces grandes feuilles... Mais regardez donc!

Élim regarda en effet, et, pour mieux voir, il leva la main de Jane vers ses yeux et, en même temps, baissa les yeux vers la main de Jane.

Il en résulta que son visage se trouva à peu près à la même hauteur que celui de la jeune fille, et que, comme la porte entr'ouverte de la serre établissait un courant d'air, les cheveux de la jeune fille, soulevés par le vent, effleurèrent le visage d'Élim.

Le jeune homme releva les yeux : il vit à quelque lignes de lui les yeux bleus, les joues roses, la bouche fraîche de Jane; il sentit son haleine parfumée.

Vous savez la quantité d'électricité que contiennent les cheveux d'une femme. Élim n'eut pas la force de résister; il entoura de son bras la taille de la jeune fille, et, avec un élan passionné, avec un cri d'amour, il appuya ses lèvres sur les lèvres de Jane, étouffant son étonnement dans un baiser.

Jane se dégagea des bras du jeune homme.

— Oh! cria-t-elle à Élim, je n'aurais jamais cru une pareille chose de vous.

Et, toute pleurante, elle s'enfuit de la serre.

Le jeune homme, anéanti, resta à la même place, immobile, les bras ouverts. Une bombe éclatant dans sa poche l'eût moins effrayé que cette sévérité inattendue, qui cependant avait quelque chose d'incompréhensible par son côté enfantin.

V

CE QUE C'EST QU'AIMER

Élim se frotta les yeux, se croyant sous l'empire d'un rêve. Pourquoi Jane se fâchait-elle? D'où lui venait cette grande colère?

— Elle ne me paraissait cependant pas si indifférente pour moi, se disait-il; il me semblait qu'elle écoutait assez bien et répondait à mes yeux dans le langage qu'ils lui parlaient. Le baiser que je lui ai donné était inattendu, c'est vrai; mais ses lèvres n'ont pas fui les miennes. Il n'est vraiment pas possible que je me sois trompé à ce point.

Tout ému de crainte, Élim entra dans la salle à manger; mais il chercha vainement les regards de Jane.

Jane boudait sérieusement, et, quand le coupable lui adressa la parole, elle se contenta de lui répondre par *oui* et par *non*.

Mais Élim s'obstinait. Plus Jane lui témoignait de froideur, plus le jeune homme tenait à recevoir son pardon.

Enfin, il pensa qu'il fallait se modeler sur elle, et se retira dans sa chambre, bien décidé à ne reparaître ni pour le thé, ni pour le souper.

— En vérité, cela ne ressemble à rien ! se disait-il à lui-même en marchant à grands pas. Si jeune et en même temps si capricieuse ! Que dis-je ! capricieuse? Pis que cela, méchante ! Comme c'est heureux que je ne sois pas plus amoureux d'elle !

A ces mots, il soupira.

— C'est vrai qu'elle est belle ; quant à cela, il n'y a rien à dire : elle est faite comme Vénus, pure comme le jour ; mais quel caractère ! un vrai serpent... Oui, oui, mademoiselle Jane, tout est fini entre nous, je vous en réponds, et vous pouvez maintenant, si cela vous amuse, faire la coquette avec Quenzius.

La porte de la chambre d'Élim s'ouvrit et le domestique parut.

— Monsieur veut-il prendre le thé ? demanda-t-il.

— Hein ? fit Élim, qui n'avait ni entendu ni compris.

— Je demande si monsieur veut venir prendre le thé, répéta le domestique.

— Tout de suite, à l'instant même, j'y vais, répondit le jeune homme. — Eh bien, oui, dit-il quand le domestique fut sorti, j'y vais, mais pour ne pas plus faire attention à elle que si elle n'y était pas.

En effet, Élim entra au salon d'un air gai, et, au

lieu d'aller s'asseoir, comme à l'ordinaire, auprès de Jane, il s'assit près de maître August et se mit à bavarder et à rire avec lui.

Mais Jane, qui, auparavant, prenait toujours part à tout ce que disait ou faisait Élim, Jane ne paraissait pas même s'apercevoir qu'il fût là.

Bien plus : elle semblait avoir oublié toutes les habitudes d'Élim. Il détestait le thé trop sucré, et elle lui mettait trois morceaux de sucre dans son thé. Elle lui proposait de la crème, et il était de notoriété publique qu'Élim prenait son thé au citron.

Le jeune homme était furieux. Jane lui semblait un monstre; il est vrai que c'était le plus joli monstre du monde. Élim était capable de deux choses, tant son exaspération était grande : c'était de se brouiller avec elle pour la vie tout entière, ou de la prendre dans ses bras et de la serrer sur son cœur devant son père et sa mère.

Je me suis souvent demandé quelle était le plus doux pour les amants, ou leur première caresse, ou leur première brouille; mais c'est à rendre fou quand les deux choses viennent ensemble.

Élim rentra dans sa chambre, étouffant de rage. S'il avait su par cœur le monologue de Figaro, il l'eût dit d'un bout à l'autre; mais, ne le sachant pas, il se contenta de s'écrier :

— Oh ! les femmes ! les femmes !

Élim, de peur d'être entraîné à rentrer au salon, se déshabilla et se coucha, en se mordant les poings.

A minuit, il se tournait et se retournait encore dans son lit, sans avoir trouvé autre chose à dire que son éternelle exclamation :

— Oh ! les femmes ! les femmes !

Vers deux heures du matin, il finit par s'endormir.

Que lui arriva-t-il pendant son sommeil ? De quel abominable cauchemar fut-il obsédé ? Je n'en sais rien ; mais le fait est qu'il se réveilla sur le tapis.

Il s'habilla, se trempa dans l'eau de la tête aux pieds ; puis, ne se sentant pas encore suffisamment rafraichi, il descendit au jardin, afin d'y rassembler ses idées pour un nouvel entretien.

Sans savoir pourquoi, il s'approcha des portes de la serre. Il y rencontra le jardinier, un arrosoir à la main et la pipe à la bouche.

— Il n'y a là personne? demanda Élim, voulant dire n'importe quoi au Hollandais.

— Comment ! personne, monsieur ? dit-il. Mais il y a plus de mille fleurs et cent oiseaux.

— Spirituelle plaisanterie ! dit Élim en entrant dans la serre et en tirant la porte derrière lui.

— *Zoo! zoo!* murmura le Hollandais en secouant la tête.

Et il s'éloigna en souriant.

Élim, entré dans la serre, s'approcha involontairement du massif de tubéreuses près duquel il avait été si heureux et si malheureux la veille. Son âme nageait dans le parfum des fleurs comme la péri indienne. Cette atmosphère embaumée sembla s'emparer de lui ; elle pénétrait par tous ses pores, elle lui inspirait une mélancolie irrésistible.

— Oh ! mon Dieu ! murmura-t-il, comme c'est étrange ! Je n'ai jamais été si heureux et si malheureux à la fois.

Et il s'assit sur un banc tout entouré de rosiers, et, sentant de plus en plus la suave tristesse l'enivrer, il n'essaya plus de résister et laissa tomber sa tête dans ses deux mains.

Alors son cœur, gros de soupirs, se dégonfla : ces larmes si douces, qu'on les retient le plus longtemps qu'on peut dans sa poitrine, montèrent de sa gorge à ses yeux. Il les sentit couler entre ses doigts, et, n'ayant plus ni la force ni la volonté de se retenir, il murmura de sa voix la plus douce, comme s'il parlait pour lui-même :

— Jane ! ma bien-aimée Jane !

En ce moment, il lui sembla entendre un faible bruit à ses côtés, comme serait le bruit causé par le vol d'un oiseau.

Il releva son visage tout baigné de larmes et poussa un cri.

Jane était devant lui.

Il ouvrit les bras en répétant :

— Jane ! ma bien-aimée Jane !

La jeune fille tomba sur son cœur.

— Oh ! dit-il presque aussitôt, tant l'homme est impuissant au bonheur, Jane, Jane, que tu m'as fait de mal !

Ce fut Jane alors qui lui présenta en souriant ses lèvres roses et innocentes. Élim, comme s'il eût craint qu'elle ne lui échappât de nouveau, lui prit la tête par derrière avec ses deux mains, et, cette fois encore, les bouches des deux jeunes gens se touchèrent.

Jane repoussa doucement Élim.

— Pourquoi me repousses-tu, Jane ? lui demanda le jeune homme.

— Je n'en sais rien, répondit l'enfant ; ce n'est pas moi qui te repousse, Élim ; ce n'est pas mon cœur, ce sont mes mains. — Vilaines mains ! prends-les, elles ne te repousseront plus.

Élim les prit et les couvrit de baisers.

Tous deux parlaient ensemble, tous deux se regardaient ; leurs bouches riaient, sans qu'ils sussent ce qui les faisait rire. Ils se tutoyaient : quel était celui qui avait commencé de tutoyer l'autre ?

Ils eussent été bien embarrassés de le dire.

— Qu'avais-tu donc hier, méchante ? demanda Élim.

— Je n'en sais rien. Je me suis sauvée sans savoir pourquoi je me sauvais. Il me semblait que tu m'avais brûlé les lèvres avec un fer rouge.

— Mais après ? mais le soir ? demanda le jeune homme.

— J'ai voulu te tourmenter, dit Jane en jouant avec ses cheveux ; mais, pour te dire vrai, c'est moi que j'ai tourmentée : je n'ai pu dormir et je t'ai appelé toute la nuit.

— Hier, tu as demandé ce que c'était que d'aimer, Jane.

— Est-ce cela, aimer ? En ce cas, cela fait bien du mal... mais encore plus de bien.

— Capricieuse enfant ! s'écria Élim.

— Oh ! ne te fâche pas, Élim. Tu me fais peur quand tu es en colère, si grand'peur, que, lorsque je t'ai vu venir, je me suis cachée derrière ce banc. Justement tu es venu t'y asseoir. Alors j'ai regardé à travers les branches, j'ai vu que tu avais la tête entre tes mains; j'ai voulu profiter de cela pour me sauver sur la pointe du pied; mais, tout à coup, il m'a semblé que tu pleurais : alors je n'ai pas pu faire un pas de plus. Tu sais la fable de *Daphné changée en laurier* ; je me suis hâtée pour voir s'il ne me poussait pas des branches. C'est en ce moment-là que tu as dit : « Jane ! ma bien-aimée Jane ! » J'ai senti mon cœur se fondre. Tu as relevé la tête, ton visage était plein de larmes. J'ai cru que j'allais étouffer, et, si tu ne m'avais pas ouvert tes bras pour me recevoir, je serais tombée à terre, évanouie, morte... Ah ! pourquoi donc est-ce que je t'aime tant ?

— C'est que tu aimes pour la première fois, Jane.

La jeune fille posa la main sur son cœur.

— Et pour la dernière, dit-elle ; et toi ?

— Oh ! moi, s'écria Élim, ce n'est pas assez pour

moi de t'aimer dans ce monde, je veux encore t'aimer dans l'autre.

Jane ne demandait plus ce que voulait dire le mot *aimer*.

Le jardinier entra ; il venait arroser les fleurs.

Nos jeunes gens se séparèrent en disant, chacun de son côté :

— Toujours ! toujours !

Puis ils sortirent, l'un par une porte, l'autre par l'autre, et rentrèrent dans leurs chambres pour savourer en paix leur bonheur.

VI

LE DONNEUR DE NOUVELLES

Chaque jour, dès le matin, Élim quittait sa chambre et venait visiter la serre.

De son côté, Jane ne manquait pas d'y venir ; si elle avait eu besoin d'un prétexte, elle eût pu en donner deux :

Arroser les fleurs ;

Donner à manger à ses oiseaux.

Mais il y avait quelqu'un qui lui était devenu bien autrement cher que toutes les fleurs de la terre et tous les oiseaux de l'air !

Ils couraient l'un à l'autre, s'embrassaient, puis causaient et s'embrassaient encore.

Lequel donnerait le plus de baisers à l'autre, c'était le problème d'arithmétique qu'ils semblaient s'être promis de résoudre, et, pour la première fois, un problème d'arithmétique fut une chose amusante.

Perdu dans la serre de Jane comme dans un autre jardin d'Armide, notre lieutenant oublia la mer, oublia la flotte, oublia ses amis, oublia les ennemis. Tout chaud patriote qu'il était, il ne songeait pas que les Français étaient au cœur de sa patrie, ou, s'il y pensait, il se disait :

— Non, la Russie ne tombera pas, Napoléon glissera dans notre sang. En tout cas, une telle guerre ne peut durer.

Puis il s'adressait cette question, qui portait avec elle sa réponse :

— D'ailleurs, qu'y puis-je faire ?

L'amour, lui aussi, est un despote et un faiseur de conquêtes ; il étouffe et enchaine tous les autres sentiments. Demain avait cessé d'exister pour Élim ; il vivait au jour le jour et se sentait si heureux de vivre ainsi, qu'il ne craignait qu'une chose : c'est qu'il se fit un changement quelconque dans sa vie.

Il ne vivait pas avec son âme, il l'avait donnée.

Quant à Jane, elle aussi connaissait la douceur amère de l'amour. Elle étouffait, elle restait les yeux fermés ; sa bouche entr'ouverte murmurait tout bas :

— Élim ! Elim ! Élim !

Un jour, il lui arriva, au milieu de ses fleurs, de broder toute une touffe d'E ; sur son cahier de dessin, elle profila une tête de jeune homme.

— Qu'est-ce que cette tête? demanda sa mère, qui regardait par-dessus son épaule.

Jane tressaillit ; elle ne savait pas sa mère si près d'elle.

— Celle de Jules César, dit-elle.

La bonne Hollandaise ne savait pas ce qu'était Jules César ; mais elle n'en demanda pas davantage.

Aux heures où Jane avait l'habitude d'aider sa mère dans les soins du ménage, il lui prenait tout à coup envie de danser ; aux heures où elle devait étudier son piano, elle avait envie de prier. Tantôt elle oubliait les clefs sur un banc dans le jardin, et on les cherchait deux heures avant de les retrouver ; tantôt elle mettait du poivre au lieu de sucre dans la pâtisserie, et, comme c'était Jane qui avait fait cette pâtisserie, Élim soutenait qu'elle était excellente. Un jour, — accident plus affreux que celui d'une planète qui menace d'écraser la terre, — elle laissa une chaise au milieu de la chambre, ce qui dérangea toute l'harmonie du salon. Enfin, maître August s'aperçut que sa fille perdait la tête, une fois qu'elle lui servit son café sans sucre ; et il pensa sérieusement à la faire traiter de sa folie, un jour qu'elle avait cueilli une tulipe, seul exemplaire qu'il y eût dans toute la Hollande.

— Saperloot ! s'écria-t-il en ouvrant ses yeux comme des portes cochères, décidément cela veut dire quelque chose.

Mais il resta les yeux ouverts, et ses yeux ne virent absolument rien.

Il y avait déjà trois semaines qu'Élim était à la fabrique, et il ne songeait pas le moins du monde à partir. De son côté, le vieillard, enchanté de sa présence, avait oublié qu'il n'était pas de la famille. Quant à l'excellente maîtresse de la maison, elle s'était habituée à Élim comme à un vieux meuble de la maison qui lui eût été donné en mariage, et, pourvu qu'elle le trouvât rangé à sa place, c'est-à-dire près de Jane, elle n'y faisait pas plus attention qu'à une armoire ou un buffet.

Joignez à cela que l'hiver rendait impossible la navigation du Zuyderzée; tout semblait donc être d'accord avec les désirs de notre marin.

Le matin du 1er novembre, Élim, comme d'habitude, se rendit dans la serre.

Il y trouva Jane qui pleurait.

Il l'interrogea; mais elle, sans répondre à ses questions, continua de pleurer.

— Ah! dit-elle enfin, mon bonheur est fini, Élim; tu me quittes!

— Quelle folle pensée, chère Jane! Moi te quitter, quand je t'aime plus que jamais!

— Ah! si tu m'aimais moins, je trouverais un soulagement dans ma colère. Je t'appellerais traître, ingrat, et cela me consolerait. Oh! je suis bien plus malheureuse de te perdre innocent que si je te perdais coupable.

— Ne t'afflige pas d'un chagrin à venir; certainement, nous devons nous séparer un jour; mais quand?

— Pourquoi t'ai-je aimé, Élim? s'écria la jeune fille en se jetant tout en larmes dans ses bras.

— Mais je ne te comprends pas, chère Jane. Au nom du ciel, explique-toi.

— Écoute, voici ce qui arrive : mon père a loué des pêcheurs pour te ramener sur ton vaisseau, et tu pars demain dans la nuit.

Élim, comme foudroyé par la terrible nouvelle,

resta immobile et pâle devant la jeune fille. Enfin, il se souvint qu'il était homme et que, par conséquent, c'était à lui qu'appartenait le rôle de consolateur.

— Tais-toi, tais-toi, Élim! s'écria la jeune fille; je ne veux pas être consolée, moi. Avec toi, dans la plus petite barque, il me semble que je n'aurais pas peur sur la mer la plus furieuse; mais, en songeant que tu es seul avec des étrangers au milieu de la tempête, je meurs, rien que d'y penser. Sans compter que tu vas t'en aller en Angleterre et, de là, en Russie, et qu'une fois en Russie, tu ne penseras plus à la pauvre Jane. Que dis-je! tu n'y penseras plus? Tu y penseras, mais pour te moquer de sa folie et de son amour.

Sa voix se perdit dans les sanglots.

Élim, de son côté, ne put retenir ses larmes; mais enfin, tout en pleurant lui-même, il parvint à la tranquilliser un peu.

— Écoute, lui disait-il, je demanderai un entretien à ton père. Je lui dirai que je t'aime, que tu m'aimes, que nous ne pouvons pas vivre séparés, que nous mourrons loin l'un de l'autre. Quand il sera bien convaincu que nous lui disons la vérité, il consentira. Et puis la guerre n'est pas éternelle comme notre amour. Un jour peut tout changer. Tiens, regarde : tout à l'heure le temps était sombre à croire que nous allions entrer dans la vie éternelle; vois le beau rayon de soleil. C'est Dieu qui nous l'envoie comme présage pour nous consoler.

Jane sourit tristement. Le rayon de soleil fit briller à ses paupières deux larmes pareilles à deux diamants liquides qu'Élim recueillit pieusement avec ses lèvres, et tous deux, levant les yeux au ciel, redirent ensemble :

— Dieu est bon !

En ce moment sonna la cloche du déjeuner.

Les jeunes gens entrèrent, comme d'habitude, chacun par une porte opposée.

Maître van Naarvaersen, en mettant ses mains dans ses poches, raconta à Élim où il en était de ses affaires, ce qu'il avait acheté, ce qu'il avait vendu, et quelle avait été la balance du mois d'octobre. Quenzius, contemplant un tableau qui représentait un repas, jouait avec son nez, comme avec une trompette, une fanfare que l'on pouvait appeler le boute-selle du déjeuner; Jane regardait tristement le lieutenant. Enfin, madame van Naarvaersen venait d'entrer dans la salle à manger, les joues encore colorées du feu de ses réchauds, lorsque Quenzius, qui regardait par la fenêtre, s'écria :

— Ah ! bon ! voilà ce bavard de Montane qui vient chez nous.

— Grand Dieu ! le capitaine Montane ! s'écria avec

terreur la maîtresse de la maison. Que dites-vous, Quenzius !

— C'est une punition de Dieu ! s'écria maître August avec désespoir.

— C'est un désastre ! répéta madame van Naarvaersen.

— Il est pire pour moi que le tambour, et Dieu sait que le bruit du tambour est celui que je déteste le plus, dit maître August.

— Il est pire pour moi que les mouches, dit la femme.

— Il va me casser toutes mes tulipes avec ses bottes.

— Il va me déchirer tous mes tapis avec ses éperons.

Mais que faire ? Habitant à la campagne, il n'y avait pas moyen de refuser les visites.

L'ennemi était déjà sur le perron.

Enfin, celui qui avait été précédé par ce chœur de malédictions, entra en se dandinant et chantant :

> Les Français ont pour la danse
> Un irrésistible attrait ;
> Et de tout mettre en cadence,
> Ils ont, dit-on, le secret.
> Je le crois,
> Quand je vois
> Ces grands conquérants du monde
> Faire danser à la ronde
> Et les peuples et les rois.

Les portes s'ouvrirent et le capitaine douanier garde-côte Montano Lassade, natif des environs de Bordeaux et transplanté des landes de Mont-de-Marsan dans les marais de la Hollande, entra.

C'était un homme de trente-cinq à trente-six ans, avec des yeux de lapin, un nez de coucou et une assurance qui sentait d'une lieue son golfe de Gascogne.

Il avait un uniforme bleu avec une simple épaulette, et s'appuyait sur une mince épée qui ressemblait à une sonde à laquelle il eût fait faire un fourreau.

— Ma foi, dit-il en saluant la société, on a raison de dire, maître *Narvarsan,* — le capitaine avait francisé le nom du bon Hollandais, — on a raison de dire que le chemin du paradis est difficile. Votre *Vlamis,* — il avait francisé le nom de la campagne Vlam-huis comme celui du maître, — votre *Vlamis* est un vrai paradis. Paradis de Mahomet, je m'entends, ajouta-t-il en regardant la jeune fille, attendu que mademoiselle Jane vaut, à elle seule, toutes les houris ensemble.

Enchanté du compliment, il secoua son chapeau mouillé et arrosa tout le monde.

— Vous êtes si aimable, dit Jane en essuyant avec son mouchoir l'eau dont elle était couverte, qu'il n'y a pas moyen de vous recevoir sèchement, vous et vos galanteries.

— Vous êtes divine, mademoiselle Jane ! repartit le Gascon ; mais aussi devinez ce que je vous ai apporté. Un joli dessin de col festonné, avec des colombes perchées sur des cœurs. C'est ravissant. Et à vous, maman *Narvarsan,* une recette pour conserver leur couleur aux confitures de roses.

— Vous auriez bien fait de m'apporter une recette pour préserver les tapis de l'humidité, dit madame van Naarvaersen en regardant avec effroi l'eau qui continuait de couler du chapeau du douanier comme d'une fontaine.

— Le capitaine est l'ami des dames, ou les dames sont bien ingrates, dit maître August en posant sa main sur l'épaule du nouveau venu ; il a toujours pour elles dans sa poche un cadeau et dans sa tête un compliment.

— Par sainte Barbe! dit le capitaine en faisant dans sa cravate un mouvement de cou accompagné d'un tic nerveux de la bouche qui lui était habituel, mon cœur est toujours prêt à tomber aux pieds des belles comme mon épée à rencontrer le fer de l'ennemi.

— Lequel aura le plus de besogne, de votre cœur ou de votre épée, capitaine? dit en riant maître August. Nous avons bien des belles à Amsterdam et à Rotterdam, mais aussi bien des barils à sonder à la barrière.

— Je suis écrasé par les affaires, répondit le douanier ne paraissant pas comprendre la plaisanterie de maître August et accompagnant sa réponse de son tic habituel; vos compatriotes, au lieu d'être reconnaissants à notre empereur, qui, lorsque la chose lui était si facile, n'a pas poussé la Hollande dans la mer, tiennent des conciliabules dans tous les cabarets pour correspondre avec ces damnés de Russes et ces maudits Anglais, qui machinent une descente sur le rivage. On vient de découvrir un complot qui ne tendait pas à moins qu'à leur livrer la forteresse, le port. Bagatelle! Par bonheur, cher maître August, avec mon flair habituel, j'ai découvert le pot aux roses et j'ai sauvé la ville, tout simplement. Vous voyez devant vous un homme auquel on devrait élever des arcs de triomphe, maître August. Les traîtres ont été pris, et où? Devinez un peu. Comme les quarante voleurs d'Ali Baba, dans des tonneaux de vin.

— Eh bien, je vote pour qu'on vous élève, en face de la porte principale de la ville, une statue dont le piédestal sera un tonneau immense... Mais ne voulez-vous pas déjeuner avec nous, capitaine Montane? Il faut boire le café comme on bat le fer, le plus chaud possible.

— Volontiers, volontiers, maître *Narvarsan*, dit le capitaine avec son mouvement de cou ordinaire.

Et il offrit galamment son bras à la maîtresse du logis, tandis qu'Élim, selon son habitude, offrait le sien à Jane. Maître August et Quenzius fermaient la marche.

Le capitaine prit place à table.

— Et quelle nouvelle, demanda maître August, outre celles du grand complot que vous avez bien voulu nous annoncer ?

— La nouvelle, c'est que notre petit caporal, soit dit sans vous déplaire, nous envoie toutes les semaines les clefs de quelque capitale. Nous avons reçu celles de Moscou, et nous attendons en ce moment celles de Saint-Pétersbourg. Les dames russes ont déjà commandé trente mille paires de souliers pour le bal que l'on donnera au palais de l'Ermitage. Quel magnifique pays que cette Moscovie! Si vous saviez!

— Y avez-vous jamais été, monsieur? demanda Élim.

— Non; mais j'ai un frère qui a voulu y aller. Imaginez-vous que la grêle ordinaire, ce que nous appelons le grésil, y tombe du ciel de la grosseur d'un œuf de poule; ce qui est une providence, attendu que ces grêlons se gardent et servent à rafraîchir le vin l'été. Ce qu'il y a de plus curieux, c'est que l'on y emploie, pour aller dans les montagnes... Vous savez que la Russie est un pays de montagnes?

— Non, dit Élim, je ne le savais pas.

— Eh bien, je vous l'apprends, monsieur. Je disais qu'on employait, pour aller dans les montagnes, de petits chevaux que l'on appelle *lochaks*[1], ce qui veut probablement dire *les chats*, attendu qu'ils ne sont pas plus grands que des chiens.

— Je n'ai peur que d'une chose, dit Élim, c'est que vos compatriotes ne trouvent pas de quoi manger dans un pays déjà pauvre et qui, à ce que l'on m'a dit du moins, avait été dévasté à l'avance.

— Bagatelle ! répondit le capitaine. Qu'est-ce que c'est que les gelées de la Russie pour nos grenadiers, qui, en traversant le Saint-Bernard, y ont mangé de la glace à belles dents ? Il est vrai que c'était pour descendre en Italie, cette belle Italie qui n'a pour rivale que l'Espagne, avec ses bois d'orangers, ses forêts de lauriers-roses et ses berceaux de roses de Chine. Ah ! maître *Narvarsan*, c'est là qu'il vous faudrait une maison de campagne, entre Grenade et Séville, à l'ombre du Guadalquivir et sur les bords de la sierra Morena !

— A la manière dont vous parlez des bois et des forêts de l'Espagne, dit Elim en riant, on voit bien que vous y avez été, en Espagne.

— Non, monsieur; mais j'avais un oncle qui en prenait du tabac.

Élim secoua la tête.

— La difficulté n'est pas d'entrer en Russie, dit-il, c'est d'en sortir.

— Comment cela ?

— Il y a deux terribles sentinelles qui veillent, aux portes de la Moscovie : la faim et le froid.

Le douanier éclata de rire.

— Oh ! quant à cela, dit-il, il ne faut pas vous en inquiéter, et vous êtes trop bon. Nos troupes sont suivies par d'immenses troupeaux de mérinos.

— Est-ce que l'empereur voudrait fonder des fabriques de drap en Russie? demanda maître August.

— Non, répondit le capitaine, et nous avons assez, Dieu merci ! de celles de la Hollande. Non : les moutons, nos soldats les mangent, et, au fur et à mesure qu'un mouton est mangé, on fait une pelisse de sa peau; et, d'ailleurs, maintenant que nous sommes à Moscou...

— A Moscou! s'écria Élim en sautant de sa chaise.

—Sans doute, à Moscou. N'avez-vous pas entendu que j'ai annoncé tout à l'heure que nous avions reçu les clefs de la ville?

— J'ai cru que vous plaisantiez, monsieur; mais certaines plaisanteries doivent avoir une fin.

— Bagatelle! — c'était le mot favori du capitaine. —Mais vous sortez donc de dessous terre, monsieur? Vous en êtes à apprendre cette nouvelle, quand tous les muets de Pékin en parlent déjà.

Van Naarvaersen n'avait pas voulu affliger Élim par la nouvelle de la prise de Moscou; mais, lorsque le jeune homme fixa sur lui un œil interrogateur, force lui fut d'avouer la vérité.

— Oui, dit-il en allemand, Moscou est pris, c'est

vrai; mais les Russes sont forts et l'hiver s'avance. Du calme, Élim! du calme!

Demander du calme à Élim au moment où il venait d'apprendre une pareille nouvelle, c'était lui demander l'impossible.

Montano continua.

— Oui, monsieur; et, avant d'arriver à Moscou, nous avons battu une petite armée de cinq cent mille hommes commandés par Souvarov, Korsakof, Koutousof. J'estropie peut-être ces diables de noms. La Russie avait rassemblé tout ce qu'elle avait pu de soldats. Elle avait formé un corps de sapeurs, composé de vieillards dont le plus jeune avait quatre-vingt-dix ans, et dont les barbes tombaient jusqu'aux genoux. Avec ces barbes-là, les cuirasses devenaient inutiles, les balles s'y aplatissaient comme sur des plaques de tir. A midi, tout était fini, et, à deux heures, Napoléon était à Moscou, porté entre les bras des boyards, selon l'habitude russe. A la porte de Kalouga, on lui présenta un pain de la hauteur du Canigou, et, sur un plat d'argent, une petite baleine, de vingt-cinq pieds de long, qui avait été pêchée dans la mer Blanche.

— Et la mer Blanche, savez-vous où elle est? demanda Élim.

— Elle est entre la mer Noire et la mer Rouge, monsieur.

— Elle est à quinze cents verstes de Moscou.

— C'est-à-dire qu'elle était là, peut-être, du temps de Pierre le Grand, c'est possible. Mais, pour l'avantage de Moscou, l'empereur, qui compte y passer l'hiver et donner de grandes fêtes, l'a rapprochée à une petite portée de canon. Le soir, on a donné un bal au son de toutes les cloches de Moscou : il y en a douze mille ; cette musique produisait le plus grand effet. Deux escadrons de Cosaques, faits prisonniers la veille, ont dansé le galop avec le plus grand succès. Toutes les fenêtres, la nuit, ont été illuminées. Les habitants étaient tellement ravis, que, dans leur enthousiasme, ils ont mis le feu à cinq cents maisons et que les trois quarts de la ville ont été brûlés.

— S'ils ont fait cela, dit Élim, c'est pour que tous les Français périssent dans l'incendie.

Comme il achevait ces paroles, le domestique entra avec les gazettes anglaises.

Elles annonçaient la retraite des Français.

Van Naarvaersen lut le premier la nouvelle, et, passant le journal à Élim :

— Moscou est en ruine, mais la Russie est sauvée, lui dit-il en allemand. Les Français ont quitté la ville.

Élim lut et passa la gazette au douanier.

— Est-ce que je sais l'anglais? dit celui-ci.

— Eh bien, monsieur, dit Élim, je ne veux pas

vous annoncer une mauvaise nouvelle; faites-vous traduire ces dix lignes-là par quelqu'un qui sache l'anglais.

Et, se levant de table, de peur qu'une nouvelle forfanterie du Gascon ne le fît sortir de la mesure qui lui était imposée, il se retira dans sa chambre.

A peine Élim fut-il sorti, que, d'un air mystérieux, le capitaine Montano pria maître August de lui accorder un entretien secret pour une affaire de la plus haute importance.

Maître August fit un signe à sa femme et à sa fille, qui sortirent avec Quenzius et le laissèrent seul avec le capitaine.

VII

LA DEMANDE EN MARIAGE

Qu'avait donc de si important à dire en particulier à maître August le capitaine Montane?

L'histoire reste muette sur ce point, et, jusqu'à nouvel ordre, nous sommes forcés de nous borner à des conjectures.

Seulement, au bout d'un quart d'heure, les portes de la salle à manger, hermétiquement fermées jusque-là, s'ouvrirent violemment, et le capitaine, pourpre de colère, sortit tirant ses moustaches, tandis que maître August van Naarvaersen lui disait le plus doucement qu'il pouvait et en multipliant les révérences :

— Le nez, mon cher monsieur Montane, le nez,

c'est un grand empêchement. Saperloot ! une aune, c'est bien ; deux aunes, cela va encore ; mais deux aunes et demie, c'est trop.

Le capitaine traversa le salon sans regarder ni madame August, qui jouait au piquet avec Quenzius, ni Jane, qui causait avec Élim, et, par conséquent, sans leur dire une parole.

Seulement, lorsqu'il fut arrivé au perron, on l'entendit qui murmurait :

— Ah ! monsieur *Narvarsan*... ah ! monsieur *Narvarsan*, vous me payerez cela !

Un instant après, on entendit le bruit de deux chevaux, et l'on vit le douanier qui s'éloignait au galop.

Ne comprenant rien à cette sortie, Jane et Élim se levèrent et allèrent trouver maître Auguste dans son cabinet.

Maître August, contre son habitude, paraissait

fort agité ; il marchait en long et en large dans la chambre, et très-vite. Il était facile de s'apercevoir qu'il était sous le poids d'une émotion extraordinaire.

Mais, en voyant sa gentille Jane, sa figure s'éclaircit.

Il la prit par la main et l'embrassa.

— Bonne fille, lui dit-il, n'est-ce pas que tu ne veux pas abandonner ton père?

— Pourquoi donc me demandez-vous cela? dit timidement Jane.

— Hélas! c'est ainsi, ma chère. Un triste souvenir m'est passé par l'esprit. Je me souviens qu'au printemps j'ai vu les jeunes hirondelles, à peine couvertes de plumes, qui s'étaient échappées du nid. Elles furent prises par des écoliers... Les filles ressemblent aux hirondelles, ma pauvre Jane.

— Je ne sais ce que vous voulez dire, mon père ;

mais je n'ai jamais voulu vous quitter. Je ne voudrais pas non plus vous quitter...

Jane hésita ; puis, reprenant courage :

— Promettez-moi, ajouta-t-elle, de m'accorder ce que je vais vous demander.

— Bien, bien, ma chère, je comprends : tu désires avoir quelque bijou, une bague, un collier... Parle, tu sais bien que je ne te refuse rien.

— Oh ! mon père, j'ai déjà tant de bijoux, que, de ce côté-là, je n'ai rien à désirer. Mais vous ne vous fâcherez pas, mon père ?

— Je me fâcherai si tu ne me dis pas à l'instant ce que tu désires. Est-ce un maître de danse ? Je te donne M. Saint-Léger, élève de Vestris, qui danserait la gavotte sur le goulot d'une bouteille.

— Vous badinez toujours, mon père ; mais, moi, je vais vous parler sérieusement.

— Sérieusement, toi ? Ah ! par exemple, je suis

curieux de savoir ce que tu peux avoir de sérieux en tête.

— Mais dans le cœur, mon père...

Maître August regarda Jane.

— Oui, nous... moi... Élim..., balbutia celle-ci.

— Ah! oui, ce cher Élim! pauvre ami! Sais-tu, continua-t-il en s'adressant au jeune homme, que nous devons nous séparer bientôt?

— Et voilà justement pourquoi je viens vous relancer dans votre cabinet, mon respectable maître. Oui, nous devons nous séparer pour toujours, ou pour bien peu de temps. Je ne vous ferai pas une longue harangue; ni mon caractère ni le vôtre ne sont amis des détours. J'aime votre fille, Jane m'aime, votre consentement nous fera heureux. Dites-moi *oui*, je vous quitte; et, après la guerre, je reviens, en vous disant : « Cher père, donnez-moi Jane. »

— Jane! te donner Jane! Jane se marier! s'écria maître August en faisant trois pas en arrière. Saperloot! c'est court et clair, Élim... Ah çà! mais c'est une rage, une épidémie aujourd'hui. Tout le monde veut se marier et épouser Jane. A peine ai-je chassé Montano, qu'en voilà un autre qui se présente, en me chantant la même chanson.

— J'espère, cher monsieur van Naarvaersen, dit Élim en riant, que vous ne me mettez pas tout à fait sur le même rang que le capitaine Montano.

— Saperloot! Dieu m'en garde, mon cher enfant!

— Mon respectable ami, jamais je n'eusse osé vous demander la main de Jane, si je n'avais pas un certain droit sur elle... son amour d'abord, et mon désir de la rendre heureuse.

— Cher père, c'est que j'aime beaucoup Élim, moi, dit Jane à son tour, en se jetant au cou du vieillard.

— Allons, pas de sottises, petite fille, interrompit maître August. Sais-tu seulement de quel côté tu as le cœur? Les enfants, en jouant à la poupée, disent bien souvent : « J'aime, » sans savoir ce qu'ils disent. Je m'étonne seulement comment tu as osé dire ce mot à un étranger sans en parler ni à ton père ni à ta mère. Songe donc que tu n'as pas encore seize ans! Quant à toi, Élim, je ne te blâme pas, et tu as doublement raison d'aimer une jolie et une riche héritière.

Élim fit un mouvement qui indiquait qu'il venait d'éprouver à peu près la même douleur que lui eût faite une blessure.

— Van Naarvaersen, dit-il, vous pouvez me refuser une part de votre bienveillance; mais vous n'avez pas le droit de me refuser une part de votre estime. J'ai, en Russie, une assez belle fortune et une assez bonne réputation, et je n'ai jamais rien dit ni fait qui puisse vous autoriser à croire que je suis un spéculateur. Je n'ai aucun besoin de votre fortune, je suis assez riche pour deux. Donnez-moi Jane telle qu'elle est maintenant; je ne demande rien avec Jane, que son amour et votre consentement.

— Bien dit et noblement pensé, jeune homme! Je ne te connais que depuis trois semaines; je ne t'offense pas par un doute, je crois à tes paroles; mais souviens-toi qu'il est très-hasardeux d'offrir sa main quand la tête court un si grand danger. Montane soupçonne quelque chose. C'est ta faute, tu n'as point su te contenir. Il ne tardera pas à me dénoncer à son gouvernement, qui me déteste. Moi-même, je songe à quitter la Hollande. Que ce soit notre sympathie ou non, nous sommes en guerre avec les Russes, et Dieu sait quand cette guerre sera finie, et, finît-elle bientôt, Dieu sait encore, Dieu sait quand tu pourrais revenir. Et puis enfin, pense combien il en coûte à un père et à une mère de se séparer de leur enfant.

— Je viendrai vous voir une fois chaque année, je vous en donne ma parole. Il y a plus : je suis seul, je suis libre, je puis demeurer avec vous si vous le désirez.

— Non, mon cher Élim, non, dit le vieillard en secouant la tête. La femme doit tout quitter pour suivre son époux, la Bible le dit; mais la Bible ne dit pas qu'un mari oubliera son pays pour sa femme. Je t'avouerai que tu me plais beaucoup, Élim, et, si tu étais Hollandais, je t'appellerais à l'instant même mon fils, n'eusses-tu pas un seul ducat dans ta bourse. Mais laisser partir ma fille si loin de moi, elle si jeune, toi si léger!... Qui sait! peut-être avant six mois ne songerez-vous plus l'un à l'autre.

— Ne nous fussions-nous pas vus dans ce monde, maître August, en rencontrant Jane dans l'autre, j'eusse dit : « Voilà la femme de mon cœur... »

— Mon père, en tout cas, je déclare une chose, ajouta Jane : c'est que je n'aurai pas d'autre époux qu'Élim.

— Tout cela est fort grave, ma jeune amie ; vous parlez avec chaleur, et la chaleur est une maladie qui passe vite. Je veux bien croire que votre amour est éternel et que ni le temps ni les dangers n'auront prise sur lui. Nous allons nous séparer, nous. Élim, écoute-moi : si tu reviens avec les mêmes pensées et si tu retrouves Jane dans les mêmes sentiments, que Dieu vous bénisse alors ! Je ne serai jamais un obstacle au bonheur de mes enfants. Pendant ce temps-là, notre connaissance sera plus profonde ; Jane grandira et, en grandissant, deviendra plus raisonnable.

— Pouvons-nous compter sur votre parole, mon père, et échanger nos anneaux ?

— Quant à ma parole, tu peux bâtir un château dessus; mais, quant à l'échange des anneaux, je le treuve on ne peut plus inutile. Tu es militaire, tu es marin, tu peux être tué, tu peux périr dans une tempête, et alors Jane sera veuve sans avoir été épouse.

— Mon digne ami, dit Élim, ce n'est ni un usage ni un engagement que j'invoque, c'est une consolation de cœur. Donnez-moi le droit de me compter comme étant de votre famille, donnez-moi le droit d'appeler Jane ma fiancée, donnez-moi le droit de vous nommer mon père.

Élim mit un genou en terre devant le vieillard.

— Mon père, dit Jane, ayez pitié de nous; donnez le bonheur à vos enfants!

— Ah çà! s'écria le vieillard en essuyant ses larmes, avez-vous bientôt fini, saperloot! Levez-vous consolés, embrassez-vous vous-mêmes; mais n'insistez pas davantage, si vous ne voulez pas que je vous refuse tout à fait. Je dois être raisonnable pour vous, puisque, vous, vous ne l'êtes pas. Demain, vous vous séparez; mais vous vous séparerez en vous disant que l'avenir dépend de vous. Maintenant, laissez-moi tranquille et donnez-moi le temps de rassembler mes idées.

Élim croyait s'apercevoir que ce consentement ressemblait fort à un refus. Mais que pouvait-il faire? Il baisa la main du vieillard. Jane l'embrassa, moitié caressante, moitié boudeuse, et tous deux s'éloignèrent tristement.

Pendant ce temps, notre capitaine de douaniers retournait vers la ville en maudissant tout ce qu'il voyait autour de lui. Étant médiocrement cavalier, il dansait terriblement sur sa selle, mouvement qui n'ajoutait pas peu à sa mauvaise humeur. Son compagnon, soldat de marine, Bordelais comme lui, le suivait sur un cheval maigre en fumant une courte pipe, et, à chaque saut du capitaine, il disait : « Maudits chevaux ! » avec la même régularité que Pandore disait : « Brigadier, vous avez raison. »

— Les chevaux et les hommes, Cabaret, — c'était le nom du soldat de marine, nom qui lui avait été évidemment donné à cause de son assiduité à visiter les établissements consacrés au dieu du vin, — les chevaux et les hommes, l'eau et la terre, l'air et le ciel, tout est mauvais dans ce pays de brouillards. Douze cents bombes ! s'il ne fallait qu'un signe de mon doigt pour faire crever leurs digues, ils seraient bientôt submergés.

— Cap de Diou ! répondit Cabaret, je suis d'accord, mon capitaine.

Et, comme le capitaine avait fait un saut de dix pouces sur sa selle :

— Maudits chevaux ! dit Cabaret, qui n'était guère meilleur cavalier que celui qu'il accompagnait.

— Vois-tu, c'est mon avis et mon avis de cœur, entends-tu. Qu'est-ce que les hommes d'ici? De grossiers marchands. Les femmes? Des cuisinières. Et les demoiselles? Des pots à lait. Pas d'éducation, pas de savoir-vivre. Pour elles, un morceau de fromage de Limbourg est préférable à l'amour d'un gentilhomme.

— D'accord, cent fois d'accord, mon capitaine. — Maudits chevaux !

— Aussi je me marierais plutôt avec la veuve du diable que d'épouser cette petite fille. L'imbécile de Hollandais, il donne dedans ; il a cru que je lui demandais sérieusement sa fille ! Il n'a pas vu que je me moquais de lui avec ma proposition.

— Le fait est, capitaine, que, pendant que j'étais à la porte, je me creusais la tête en disant : « Cap de Diou ! à qui en a donc le capitaine, d'épouser une pareille tulipe ! »

— Et comment crois-tu qu'il a reçu ma proposition, le vieux coquin? dit le capitaine.

— Il s'est jeté à votre cou, j'espère bien, capitaine, les bras ouverts et la poche ouverte.

— Ah! ah! ah! dit le capitaine en riant du plus mauvais rire, compte là-dessus; il m'a refusé!

— Refusé! cap de Diou! Vous badinez avec moi, capitaine.

— Non, en vérité de Dieu, c'est comme je te le dis, Cabaret. Il se croit un grand seigneur, parce qu'il marche sur des tapis de velours et qu'il a sur sa table des candélabres de bronze. La belle chose! Mais, quand il pourrait couvrir de son drap toute l'Europe et paver de son or tout le Zuiderzée, je n'en voudrais pas, de sa bégueule de fille. Aussi bien, ajouta-t-il en fronçant son sourcil et en mordant sa moustache, eût-il tout ce que je disais, on peut le ruiner.

— Mille fois d'accord, capitaine; si on peut, il

faut ; mais ce n'est pas facile de mordre sur ces damnés orangistes.

— Premièrement, Cabaret, il lit les gazettes anglaises. Secondement, il est juif. Troisièmement, il est... il est...

Le capitaine chercha inutilement ce qu'était en troisième lieu maître August.

Ce qui n'empêcha point Cabaret de répondre :

— D'accord.

Et d'ajouter :

— Sans compter qu'il a chez lui des hommes... hum !

— Des hommes ? répéta Montane.

— Oui, qui me sont suspects, dit Cabaret.

— Quels hommes ? demanda Montane, dont les yeux brillèrent à l'espérance qu'il allait apprendre quelque chose qui pourrait compromettre le fabricant de drap. Voyons, de qui parles-tu ?

— D'accord, mon capitaine. Eh bien donc, il y a trois semaines à peu près, j'allais en patrouille avec quelques camarades. — Maudits chevaux !

— Je sais ce que tu appelles aller en patrouille ; l'empereur n'aime pas les pillards.

— Bon ! chacun prend ce qu'il peut : l'un prend une ville, l'autre pille un coffre.

— Et c'est toi qui pilles le coffre, n'est-ce pas, marouffe ? Prends garde ! celui qui prend les villes y trouve une couronne, tandis que celui qui pille les coffres ne rencontre parfois qu'une corde. Mais ceci, c'est ton affaire et non la mienne. De quels hommes parles-tu, Cabaret ?

— Donc, étant en patrouille, j'ai vu que six hommes sont entrés dans le moulin de ce fabricant, et quels hommes ! de véritables bandits. Cap de Diou ! je n'aurais pas voulu les rencontrer sur mon chemin. — Maudits chevaux !

— Et comment as-tu vu cela ?

— En regardant par la fenêtre. Que voulez-vous, capitaine ! je suis curieux, c'est mon défaut.

— As-tu vu cela en rêve ou en réalité ?

— En réalité ; armés jusqu'aux dents, capitaine, et des barbes ! des barbes que nos sapeurs de la vieille garde ne sont que des blancs-becs près d'eux, et la langue qu'ils parlaient donc ! les oreilles m'en tintent encore.

— C'étaient probablement des coureurs anglais.

— Les Anglais ne portent pas de barbe, capitaine.

— C'est vrai.

— Tout à coup, leur chef m'a aperçu, et, sans dire gare, il a fait feu sur moi avec un pistolet long comme une canardière et large comme une espingole.

— Et qu'as-tu fait, Cabaret ?

— Cap de Diou ! je me suis sauvé, capitaine.

— Et puis après ?

— Après ? Voici : écoutez bien ce qui me reste à vous dire, car c'est le plus intéressant.

— J'écoute.

— Aujourd'hui, pendant que vous étiez à déjeuner dans la salle à manger, moi, je déjeunais à la cuisine près du feu, attendu que, dans ce maudit climat, on rôtit sans se réchauffer. Voilà que le neveu de maître August entre pour allumer son cigare. Je lève la tête et je reconnais... Devinez qui, capitaine ?

— Le neveu de maître August.

— Ah bien, oui. Le chef de mes bandits !

— Cabaret !

— Que le diable me serre la gorge avec sa queue si ce n'est pas vrai, capitaine.

— Ah ! mon cher Cabaret, si tu étais sûr de ce que tu dis là !

— Mais c'est vrai comme la vérité elle-même. Quant aux cinq autres, je me suis informé...

Cabaret baissa la voix.

— Ils sont enfermés dans la fabrique. Le vieillard dit que ce sont des mécaniciens. Cap de Diou ! des mécaniciens de fausse monnaie ! C'est pour cela que le vieux coquin est si riche.

— Décidément, je suis un homme de génie, Cabaret !

— D'accord, capitaine ; mais en quoi ?

— En ce que j'ai vu tout de suite que ce jeune homme était un ennemi de la France. Tu es sûr de ce que tu dis, Cabaret ?

— Moralement, capitaine.

— Moralement ou immoralement, cela m'est égal, pourvu que tu en sois sûr.

— J'en suis sûr.

— Eh bien, dès demain, je dénonce le vieux coquin à la police. Ah ! un crime de haute trahison ! ce n'est pas une bagatelle, maître August *Narvarsan*, ce n'est pas une bagatelle.

Et, comme on entrait dans la ville, le capitaine Montano fit signe à Cabaret de se taire, invitation à laquelle le fils de la Garonne obéit, en se contentant de rompre le silence pour dire de temps en temps :

— Maudits chevaux !

VIII

LA TRAHISON

Le lendemain, le colonel van Waan, commandant de Flessingue, donna l'ordre d'arrêter maître August van Naarvaeersen, et douze soldats et un officier furent désignés pour accomplir cette mission.

Le hasard — cette sage-femme de tout bien et de

tout mal — poussa comme par miracle le capitaine Montane sur le chemin du long et maigre Quenzius, qui allait cheminant le long du canal.

Un homme en habit de marin le suivait avec une ligne sous le bras.

Montane s'arrêta.

Le nez d'un douanier, surtout lorsqu'il a atteint le développement du nez de Montane, est l'instrument le plus fin et le plus sensitif qui existe au monde.

Au temps où la civilisation était dans son enfance, on se servait de la baguette de coudrier pour découvrir des trésors ; de nos jours, ce mystérieux bâton est remplacé par le nez des douaniers. Ils sentent leur proie mieux que le corbeau ne sent les cadavres ; et la contrebande, fût-elle au fond de l'estomac de Pantagruel ou de Gargantua, ne saurait lui échapper.

— Il y a quelque chose là-dessous, dit le capitaine, Humpf ! humpf ! Quenzius hors de la maison et loin de ses livres !...

Et il aspira l'air plus bruyamment encore que la première fois.

— Ce pêcheur qui l'accompagne est un gaillard bien habile. Voilà deux ou trois fois que je lui vois prendre des poissons gros comme le bras. Pour un pêcheur, ça n'est pas naturel. Il a un paquet dans son mouchoir ; que diable peut-il y avoir dans son paquet ?

Et le capitaine Montane, pressant le pas, tira Quenzius par son manteau.

Quenzius avait d'abord fait semblant de ne pas voir Montane : il fit semblant de ne pas le sentir.

Mais Montane tira si fort, que Quenzius fut bien forcé de se retourner.

— Ah ! c'est vous, monsieur Montane ? dit-il en souriant. Enchanté de vous voir !

— Moi aussi, monsieur Quenzius.

Quenzius voulut continuer son chemin ; mais ce n'était pas l'affaire de Montane.

— Où allez-vous donc comme cela ? demanda-t-il.

— Droit devant nous, comme vous voyez, répondit celui-ci.

— Alors vous n'êtes pas bien pressé.

— Très-pressé, au contraire.

— Oh ! vous ne me refuserez pas néanmoins de manger un morceau avec moi.

— J'ai déjeuné, monsieur Montane.

— Alors, de boire un verre de porter ; nous avons justement, à vingt pas d'ici, une taverne où l'on vend d'excellent porter.

Chacun a son défaut : le défaut de Quenzius était d'aimer le porter.

— D'excellent porter ? répéta-t-il.

— J'ai dit excellent, et je ne m'en dédis pas ; un

douanier regarde plutôt deux fois qu'une entre ses doigts tout ce qui doit passer entre ses dents.

Quenzius avait déjà fait un temps d'arrêt, quand la commission que lui avait donnée maître August lui revint à la pensée.

— Non, je vous remercie, capitaine ; je suis tellement pressé, que je n'ai pas un moment à perdre, même dans votre agréable compagnie.

— Laissez donc, monsieur le secrétaire ! plume sèche n'écrit pas. Vous êtes pressé, dites-vous ; pour donner de l'agilité au pied, il faut donner de la pesanteur au ventre.

— J'avoue la vérité de ces deux proverbes, capitaine ; mais il n'en est pas moins vrai que je ne saurais vous accompagner.

— C'est grand dommage, mon cher Quenzius ; je voulais vous parler affaires. Je vais aujourd'hui à Vlam-huis.

— Vous irez inutilement, capitaine ; mon maître sera aujourd'hui toute la journée au moulin. Aujourd'hui, c'est le commencement du mois.

— Au moulin ? Aïe ! pensa Montano, le tonneau d'or roule de lui-même dans notre cave, il me semble. Maintenant, monsieur le caissier, vous pouvez aller où vous voudrez; sans faire même la dépense d'une bouteille de bière, j'ai su de vous ce que je voulais savoir.

Et, lâchant le manteau de Quenzius, il le laissa libre de continuer son chemin.

Puis, appelant son digne acolyte :

— Cabaret, dit-il, suis ce drôle. — Il lui montrait Quenzius. — Fais signe, en même temps, à quatre ou cinq soldats de te suivre à leur tour. S'il tente, lui ou son compagnon, de mettre un bateau à la mer, arrête-moi ces drôles-là et conduis-les chez moi. Si tu rencontres d'autres soldats, envoie-les du côté du moulin pour prêter, en cas de besoin, main forte à leurs camarades.

— Cela sera fait, capitaine, répondit Cabaret ; seulement, cela flaire le profit.

— Qui te dit qu'il n'y en aura pas, du profit ?

— Ah ! pour les chefs, il y en a toujours, du profit, et ce n'est pas celui-là qui m'inquiète.

— Sois tranquille, il y en aura pour tout le monde, répondit le capitaine en se frottant les mains.

Le soir, van Naarvaersen avec Élim et sa fille arrivèrent au moulin ; les matelots les y attendaient déjà depuis deux jours, et, lorsqu'il fit sombre, tout était prêt pour partir.

Van Naarvaersen tira sa montre : elle sonna cinq heures.

Élim se leva avec un profond soupir ; Jane, tout en pleurs, se jeta au cou de son père.

— Adieu, Élim, dit-elle, adieu pour toujours ; car, vois-tu, j'ai un pressentiment que nous ne nous retrouverons jamais.

Élim baisa la main de la jeune fille.

— Chère Jane, dit-il en mouillant cette chère main de ses larmes, que Dieu m'écrase de sa colère si je tarde à revenir ici d'une façon ou de l'autre.

— Saperloot ! dit maître August en embrassant Élim, où vas-tu chercher de pareilles phrases ? Console-toi donc, capricieuse, puisque le nouveau printemps apportera de nouvelles fleurs. Enfin, continua-t-il en montant à cheval, c'est curieux, voyez cela. Hier, j'aurais juré que Jane ne saurait pas distinguer un coq d'une poule, et aujourd'hui... Saperloot !

Comme c'était à lui-même que parlait maître August, il suffisait qu'il se comprît.

Il y avait deux chemins pour aller à la mer : l'un tout droit, c'était celui qu'avaient pris les naufragés ;

l'autre faisant un coude et tournant par Helmond.

Nos voyageurs prirent ce dernier.

Élim marchait tout pensif : maître August, voyant que l'amoureux ne parlait pas, causait avec le guide, qui portait une lanterne.

Les cinq marins suivaient et parlaient à demi-voix.

— Que diable dirons-nous à nos camarades, quand nous reviendrons sur le vaisseau ? dit l'un d'eux.

— Que nous venons du royaume des grenouilles, attendu que les hommes vivent ici comme les grenouilles chez nous.

— Allons, dit un troisième, c'est mal de casser le verre quand on a bu. De quoi as-tu manqué ici ? Est-ce d'eau-de-vie ou de jambon ? Non, Dieu merci ! une bouchée n'était pas avalée, que tu mordais dans une autre ; le premier verre n'était pas bu, que le second était déjà versé.

— C'est vrai, répondit le premier, et ce serait péché que d'être mécontent. Nous étions servis à cœur que veux-tu : le pain était blanc comme du sucre, le fromage gros comme des pierres de taille ; et, tous les matins, le café !

— Ah ! quant à moi, reprit le second, je ne m'exténuerai pas à les remercier ; j'ai eu beau leur demander du pain noir, ils me répondaient toujours : *Nix gout.* — Quant au café, ils le passaient dans un bas, nous donnant ce qui était clair et gardant le marc pour eux, les gourmands ! Pour le fromage, parlons-en, il n'y avait que des trous !

— Chacun a son habitude, dit le sentencieux Yorsko, et l'on ne va pas avec ses règles dans les couvents des autres. Quant à moi, si j'ai bien faim un jour, je penserai aux maîtres dîners que je mangeais chez l'honnête homme qui marche devant vous, et je réponds que je serai rassasié de souvenir.

— C'est cela, les paresseux ont toujours le carnaval en tête, reprit le second. Il est bon d'être en visite ; mais, au bout du compte, on est toujours mieux chez soi.

— N'importe ! que Dieu nous permette de revoir nos camarades, dirent les marins en doublant le pas.

Le ciel sembla d'abord exaucer ce vœu. Ils arrivèrent sans accident à l'endroit désigné pour l'embarquement. La mer était noire mais calme ; le rivage semblait solitaire.

— *God zy met ons* ! dit le guide en frappant dans sa main, il devait nous attendre là.

— Saperloot ! fit maître August.

— Es-tu sûr de l'endroit ? demande Élim.

— Comme de mon *Pater*, dit le guide.

On fit quelques pas le long du rivage ; mais on ne trouva ni pêcheur ni bateau.

Maître August perdit toute patience ; une parole

manquée était pour lui pire que le vol, pire qu'un crime.

— Saperloot! s'écria-t-il, je les rosserai tous. Prendre l'argent et ne pas être exact! Je les chaufferai si bien, que mes ducats fondront dans leurs poches. Maudits ivrognes! je parie qu'ils sont au cabaret.

Mais toutes ces exclamations n'avançaient point l'affaire, et la situation d'Élim et de ses matelots devenait de plus en plus critique.

Maître August envoya le guide sur le cheval d'Élim pour explorer le rivage à gauche, tandis que lui-même allait à la cabane du pêcheur.

Pendant ce temps, Élim, resté seul avec ses hommes, leur proposa de se mettre en quête de leur côté. Il partit, suivant la plage dans la direction opposée à celle du guide, espérant rencontrer le bateau qui devait les prendre, ou en trouver un autre à louer.

En approchant de l'endroit où pour la première fois il avait été jeté par la tempête, il remarqua quelque chose de blanc.

Il posa une main sur l'épaule de Yorsko, qui le suivait, et, étendant l'autre dans la direction de l'objet qui attirait ses regards :

— Vois, lui dit-il.

— Si je n'étais pas sûr que notre bateau est brisé, mon lieutenant, je vous dirais : Il est sorti de la mer comme un veau marin et il dort sur le rivage ; mais, dans tous les cas, si ce n'est pas lui, c'en est un autre.

— Doucement et silence, enfants ! dit Élim : il me semble que j'y vois des hommes couchés.

— Non-seulement ils sont couchés, mais ils dorment, dit un des matelots ; je les entends qui ronflent.

— Et pas de sentinelles, dit Élim joyeux.

— Pas de sentinelles, répondirent les marins.

— Alors, dit Élim en baissant encore la voix, entourons-les et faisons-les prisonniers; ne tuons que si nous ne pouvons pas faire autrement.

Les marins se séparèrent, enveloppèrent la petite barque, et se jetèrent sur les dormeurs. Ceux-ci furent garrottés et bâillonnés avant d'être réveillés.

On retira le bâillon de celui qui semblait le chef.

— Qui êtes-vous? lui demanda Élim en allemand.

— Nous sommes des douaniers hollandais, répondit le prisonnier.

— Quel est votre capitaine?

— M. Montane.

— Vieille connaissance. Et que faites-vous là?

— Je ne sais pas. Quatre d'entre nous ont fait une pointe dans le pays, par l'ordre du capitaine, et nous sommes restés à garder le bateau.

— Merci de l'avoir gardé pour nous, dit Élim.

— Lieutenant, dit Yorsko, la barque est parée et n'attend plus que vous.

— Portez cet homme et les armes au fond du bâtiment, dit Élim. Les autres peuvent rester où ils sont ; quand le capitaine Montano viendra, probablement serons-nous déjà loin. Tout est prêt, dis-tu, Yorsko ?

— Tout, lieutenant.

— Alors, la prière, et ramons.

La prière était finie, les rames étaient levées, lorsqu'il sembla à Élim qu'un faible cri d'appel traversait l'espace et venait jusqu'à lui.

— *Stoï !* dit-il à Yorsko en lui posant la main sur l'épaule.

IX

LA FUITE

Pendant que le guide errait au bord de la mer, que maître Auguste cherchait la maison du pêcheur, et qu'Élim s'emparait si heureusement de la barque, disons un mot de ce qui se passait au moulin, où nous avons vu arriver les naufragés au commencement de cette histoire.

Jane y était restée avec toute sa douleur.

La pauvre enfant aimait pour la première fois comme pour la première fois on aime. Ce cœur jeune et pur avait reçu sa nouvelle forme de la puissante main de l'amour, et, pour la lui faire perdre, il eût fallu le briser comme on brise un verre.

En entrant dans la seconde chambre, celle-là même où son père avait failli être assassiné par les bandits, elle était tombée sur une chaise et y était restée immobile et muette, comme la statue de l'Abattement, ne révélant son existence que par les larmes qui coulaient de ses yeux.

Tout à coup Quenzius entra, haletant, effaré, plus pâle qu'un mort.

— Où est votre père, mademoiselle Jane? cria-t-il, où est votre père?

— Là où je voudrais être, répondit Jane sans faire attention à la voix émue de Quenzius, sans remarquer l'effroi qui se peignait sur son visage.

— Au nom du grand-livre, s'écria celui-ci, dites-moi par quel chemin est parti votre père?

— Je ne sais.

— Il faut que je le sache, moi! il est en danger.

— En danger, mon père? s'écria Jane, que les paroles de Quenzius venaient enfin de frapper au cœur. Que dis-tu, Quenzius? Mon père! Pourquoi?

— Ah! mademoiselle! mademoiselle! imaginez-vous que le bourgmestre van Kempenaar van Driel.

— Eh! qu'ai-je à faire de ton bourgmestre, Quenzius? N'entends-tu pas que je te demande comment mon père est en danger?

— Montane nous a tous dénoncés au bourgmestre, mademoiselle.

— Tous! qui, tous?

— Eh bien, vous, votre père, les Russes, M. Élim. Il a dit que votre père était un traître qui avait des relations avec les ennemis, et qui avait promis aux Russes et aux Anglais de leur livrer la forteresse.

— Après?

— Après? Le bourgmestre a ordonné de prendre votre père, de le mettre en prison et de le juger.

— Mettre en prison mon père ! le juger ! le fusiller peut-être ! Oh ! notre malheur est bien complet !

— Hélas ! dit Quenzius en levant ses bras et son nez au ciel.

— Eh bien, que faites-vous là, monsieur ? s'écria Jane. Mais courez donc, mais volez donc à la recherche de mon père ! Prévenez-le, pour qu'il parte, pour qu'il se réfugie à l'étranger. Qu'il parte... A-t-il de l'argent ? Prenez ces diamants, ces perles.

— J'ai pris chez le banquier tout ce qu'il faut ; seulement, je n'ai pas eu le temps de l'écrire sur le grand-livre au débit de maître August ; mais, s'il m'arrive malheur, vous l'écrirez, vous, mademoiselle... Dix mille ducats neufs.

— Mais allez donc, malheureux ! cria Jane en poussant Quenzius. Que mon père parte, entendez-vous ! qu'il parte, et qu'il ne s'inquiète pas de ma mère ni de moi. On ne fera rien à deux femmes.

— Dieu le veuille, mademoiselle! dit Quenzius en grimpant sur le grand cheval de cabriolet et en disparaissant dans l'obscurité comme le fantôme d'un géant.

Jeanne resta écrasée. Son amour pour son père lui avait fait momentanément oublier même Élim.

Elle resta seule avec le meunier et sa femme, ou plutôt seule avec sa douleur.

Une heure après, on frappait à la porte.

— Ouvrez! cria une voix rude, ouvrez, au nom de l'empereur!

Rien ne répondit.

— Cap de Diou! dit la même voix, on sait que vous êtes là. Ouvrez donc, ou nous nous conduirons vis-à-vis de vous comme envers des révoltés, et nous mettrons le feu à la maison.

— *Myn God!* s'écria le meunier, c'est la voix de ce

même brigand qui a déjà voulu nous assassiner, Peter.

— Je t'entends, vieille sorcière ! s'écria Cabaret; ouvre, ou nous brisons les portes.

— Ah ! mademoiselle, que faire? dit la meunière à Jane, qui, entendant ce bruit, paraissait sur le seuil de la cuisine. Nous sommes perdus avec tout ce que nous avons.

— Ce que nous avons, dit le meunier, bon ! le maître nous le rendra toujours au centuple; mais nous, mais mademoiselle...

— Oh ! je mourrais plutôt que de tomber entre les mains de ce bandit ! s'écria Jane. Peter, défends la porte aussi longtemps que tu pourras. Moi, je me sauve, et je tâche de rejoindre les nôtres.

— Mademoiselle, mademoiselle, prenez garde aux canaux !

— Est-ce que je n'ai pas été élevée ici ? est-ce que je ne connais pas le moindre ruisseau?

Et, saisissant son coffre à bijoux, Jane sauta par une fenêtre basse qui communiquait avec le jardin, lequel communiquait lui-même avec la mer.

Elle était déjà sur la plage lorsque les portes tombèrent sous les coups des bandits.

Sans s'arrêter, sans savoir où elle allait, Jane courut le long du rivage. La crainte lui donnait des forces, l'espoir de rejoindre Élim attachait des ailes à ses pieds.

Seulement, tout en courant, elle criait :

— Mon père ! Élim !

Enfin, il lui sembla qu'elle apercevait quelque chose au bord de la mer, comme un bateau et des hommes qui s'y mouvaient. Mais sa voix s'éteignait dans sa poitrine haletante. Il lui semblait qu'elle était poursuivie, et cependant elle n'était plus qu'à quelques enjambées du bord; malheureusement, le bateau s'éloignait.

Un pas de plus lui était impossible ; l'haleine lui manquait. Elle rassembla toutes ses forces pour crier une dernière fois :

— Mon père ! Élim !

Et elle tomba évanouie sur la plage.

Ceux qui la poursuivaient n'étaient plus qu'à cent pas d'elle.

X

LE DOIGT DE DIEU

C'était ce dernier cri qu'avait entendu Élim.

— Sciez, enfants ! dit-il, sciez !

Les rames frappèrent le flot à l'inverse et le bateau se rengagea sur le sable.

— Arrêtez ! criait une voix qui allait se rapprochant, arrêtez, ou nous faisons feu !

— A moi, mes amis, dit Élim. Un seul pour garder le bateau; à moi tous les autres.

Et il sauta à terre, un pistolet à chaque main.

A vingt pas, il trouva Jane immobile et étendue comme un cadavre.

Il la prit dans ses bras et l'emporta vers le bateau.

Mais Jane était poursuivie de près. Élim se retourna. A deux pas de lui était Cabaret, devançant ses compagnons.

— Arrête, toi-même, ou tu es mort! s'écria Élim.

Le bandit s'arrêta; seulement, ce fut pour porter la carabine à son épaule.

Mais, avant que la joue eût appuyé sur la crosse, Élim faisait feu, un éclair brillait dans l'obscurité, et Cabaret, frappé au cœur par la balle du lieutenant, roulait sur le sable.

Élim sauta dans le bateau.

— Et maintenant, ramez, enfants! ramez comme pour entrer en paradis; il s'agit non-seulement de notre vie, mais encore de la sienne.

— La jeune maîtresse! s'écria Yorsko. Bien joué, lieutenant!

— Feu! cria une voix du rivage, en indiquant la barque, qui s'éloignait rapide comme un oiseau de mer attardé.

Les balles se perdirent dans les ténèbres; une d'elles seulement, en frappant la mer, fit jaillir l'eau jusqu'au visage de Jane.

— Merci pour l'honneur que vous nous faites, messieurs! cria Yorsko.

L'eau que la balle avait fait jaillir, en retombant sur le visage de Jane, fit rouvrir les yeux de la jeune fille.

Elle était dans les bras de son amant.

— Élim! cher Élim! cria-t-elle.

Et leurs lèvres se rencontrèrent. Le baiser fut long et tendre; les pauvres enfants s'étaient crus séparés pour toujours, et voilà que le doigt de Dieu les réunissait.

Tout à coup, Élim sentit qu'on lui touchait l'épaule. C'était Yorsko.

— Eh bien? demanda Élim.

— Comment! vous ne voyez pas?...

— Quoi?

— Qu'on ne voit plus rien, lieutenant.

En effet, un brouillard épais venait de se répandre à la surface de la mer.

— Pas un coup de rame de plus! j'entends les brisants.

Les matelots s'arrêtèrent. Élim posa Jane sur le banc, et se souleva pour écouter.

— Les brisants sont à droite, dit-il.

— Et, à gauche, lieutenant, dit Yorsko, entendez-vous ?

En effet, des deux côtés on entendait ce bruit sourd que font les vagues en se heurtant sur les rochers.

Élim regarda Jane avec terreur.

— Nous nous sommes égarés, lieutenant ? demanda un des matelots.

— Non, dit Élim ; au contraire, je sais trop bien où nous sommes.

— Il y a sans doute une passe, dit Yorsko.

— C'est possible, fit Élim ; mais qui nous l'indiquera ?

— Ce douanier qui est couché là au fond, dit Yorsko. Il me semble que, depuis qu'il se promène sur la côte, il doit la connaître.

— Tu as, par ma foi, raison, Yosko. Débâillonnez-le, mais sans lui délier ni les mains ni les pieds.

Puis, se tournant vers la jeune fille :

— N'aie pas peur, ma Jane, lui dit-il.

— De quoi veux-tu que j'aie peur, Élim? Ne suis-je pas sûre de mourir avec toi?

On débâillonnait le douanier.

— Les brisants! les brisants! s'écria-t-il dès qu'il eut recouvré la parole.

— Bon! il en a peur, dit Élim. — Eh bien, oui, les brisants!

— Mais il y a une passe, reprit le douanier, dont la terreur augmentait au fur et à mesure que le bruit devenait plus sensible.

— Es-tu capable de la trouver, la passe? dit Élim. Je te promets non-seulement la vie sauve, non-seulement la liberté, mais encore cent ducats de récompense.

— Les yeux bandés, je la trouverais bien, lieutenant.

— Déliez-lui les mains et cédez-lui le gouvernail.

On délia les mains du douanier; il s'assit au gouvernail.

Élim s'assit près de lui et arma son second pistolet.

— Au premier mouvement que tu fais pour nous ramener à la côte, lui dit-il, tu es mort.

— Bien, bien, dit le douanier visiblement effrayé du bruit des vagues contre les rochers et en appuyant le gouvernail à tribord, nagez, nagez ferme!

Élim répéta le commandement en russe.

Les matelots se courbèrent sur leurs rames. La petite barque vola à la surface de la mer.

— Pas trop près de la côte! cria Élim.

— Mais voyez donc à bâbord, lui dit le douanier.

En effet, une longue ligne d'écume brillait au milieu de l'obscurité; et, comme le brouillard était épais, il était évident que la barque côtoyait les brisants à vingt pas à peine.

— Il sera impossible de tenir la pleine mer dans une barque par un vent pareil, lieutenant Élim, dit un matelot.

— Aimes-tu mieux retourner à terre et tomber dans les mains des Français? répliqua Élim.

Puis, se tournant vers le pilote :

— Courage ! lui dit-il.

— Je joue ma peau en même temps que la vôtre, répondit le douanier; vous pouvez donc être tranquille, je ferai de mon mieux.

C'était la meilleure réponse qu'il pût donner.

Élim reprit Jane dans ses bras et l'enveloppa dans son manteau, sous prétexte de la garantir du froid, mais en réalité pour lui cacher le danger.

Moins résigné qu'elle, il se disait que ce serait un sort cruel que celui qui les eût réunis un instant pour les séparer à jamais.

Mais il avait gardé l'usage de la vue et ne quittait

pas cette ligne d'écume dont le bruit incessant remplissait ses oreilles de terreur.

Enfin, il lui sembla qu'il y avait une interruption dans cette ligne et que, sur une largeur de trois ou quatre encablures, la mer avait son mouvement naturel.

— La passe, dit-il au douanier.

— Sacrebleu ! je la vois bien, répondit celui-ci.

Et il appuya la barre à bâbord.

La petite embarcation obéit au gouvernail comme un cheval bien dressé à la bride, et en un instant elle eut dépassé la ligne des rochers et se trouva en pleine mer.

Mais le danger était pire, peut-être ; la brise était forte, et, comme l'avait dit Yorsko, il était impossible de tenir la mer dans une pareille embarcation.

En même temps, le brouillard devenait plus épais.

— J'ai fait tout ce qui dépendait de moi, dit le douanier découragé ; maintenant, tuez-moi si vous voulez, mais je ne puis faire davantage.

— C'est vrai, dit Élim presque aussi découragé que lui.

Et, serrant Jane sur son cœur, il laissa retomber avec un soupir sa tête sur la tête de l'enfant.

Il était évident pour lui que, dans ce frêle canot, ils ne feraient pas un quart de lieue en mer sans être submergés.

Tout à coup, Elim releva la tête; il venait d'entendre le bruit lointain d'une cloche.

Nulle part comme en mer et pendant la nuit, un son de cloche ne se fait entendre. On dirait un oiseau aux ailes de bronze qui rase les flots.

— Une, deux, trois, compta Élim.

Et le dernier coup laissa après lui une longue vibration.

— Ce bruit-là ne vient pas de la terre, lieutenant ; la terre est trop loin, dit Yorsko.

Une idée illumina l'esprit d'Élim ; il se tourna vers le pilote : le regard du Hollandais brillait de joie, fixé dans la direction du bruit.

— Je comprends, lui dit Élim ; nous sommes dans le voisinage de ton sloop, c'est lui qui vient de piquer l'heure.

— Probablement, dit le Hollandais.

— Combien d'hommes ? demanda Élim.

— Assez pour vous pendre aux vergues, tous tant que vous êtes, en guise de lanternes.

— Dans tous les cas, tu ne jouiras pas de ce spectacle, mon ami, dit Élim, attendu que tu seras mort auparavant.

Alors, fronçant le sourcil et lui appuyant le pistolet sur la tempe :

— Combien d'hommes ? répéta-t-il.

— Douze, répondit laconiquement le douanier, en voyant que le jeune lieutenant ne plaisantait pas.

— Très-bien, dit Élim.

Puis, se tournant vers les matelots :

— Mes amis, dit-il, le bon Dieu nous envoie un bâtiment qui tiendra la mer, lui. Il ne s'agit plus que de le prendre.

— En ce cas, lieutenant, c'est fait, répondit Yorsko.

— Douze hommes d'équipage.

— Il ne sont pas avertis, nous le sommes. Le proverbe dit qu'*un homme averti en vaut deux;* nous sommes donc douze contre douze... Il n'y a que la jeune maîtresse, ajouta Yorsko en faisant un signe de tête et désignant Jane.

— Un de vous la gardera.

— Alors nous ne serons plus que cinq, c'est-à-dire que dix contre douze ; — mais bah ! des douaniers, — et des douaniers hollandais ! — fit Yorsko.

Tout cela se disait en russe, de sorte que Jane n'en pouvait rien entendre.

— Enfants, continua Élim s'adressant aux matelots, vous avez compris, n'est-ce pas? vous jouez gros jeu; mais, devant cette parole : — *il faut!* — nul de vous ne reculera, je l'espère. D'ailleurs, je vous montrerai le chemin et vous me suivrez.

— A travers l'eau comme à travers le feu, en paradis comme en enfer! répondirent les marins d'une seule voix.

— Merci, enfants! avec vous je prendrais la lune. Examinez les fusils, et, dès que nous aurons accosté le sloop, sautez dessus et tuez tout ce qui résistera.

Puis, se retournant vers le douanier pilote :

— Et toi, lui dit-il, tu sais nos conventions.

— Nagez, dit le pilote.

Et il donna au gouvernail la direction nécessaire.

Au bout de quelques minutes, on aperçut le bâtiment, qui se balançait tranquillement sur les vagues.

A bord se promenait une seule sentinelle.

Élim vit, au mouvement qu'elle fit, qu'on était découvert.

— Attention ! dit-il en appuyant de nouveau son pistolet contre la tempe du pilote.

— Qui vive ? cria la sentinelle.

— Réponds, dit Élim.

— Le diable à quatre ! cria le douanier.

— Bon diable ! murmura la sentinelle, bon diable !

Et, se retournant sans soupçon aucun, elle appela l'officier.

— Est-ce que je vais te quitter, Élim ? dit la jeune fille effrayée. Oh ! je ne veux pas, ne fût-ce que pour un instant.

— Eh bien, cramponne-toi à mon cou ; nous y sommes.

En effet, la barque avait accosté le sloop. Élim enveloppa Jane d'une main, de l'autre se cramponna à un cordage, et sauta le premier sur le pont du sloop.

Les cinq marins russes suivirent leur lieutenant.

La sentinelle voulait crier; elle ouvrit la bouche et elle la referma dans l'eau.

Les Russes étaient maîtres du pont.

Élim prit sa bourse et la jeta au douanier resté dans le canot.

— Tiens, lui dit-il, un Russe n'a que sa parole. Voici d'abord ton argent; ta liberté, tu l'as, et, quant à ta vie, cela te regarde, l'ami; tu as bien trouvé ton chemin pour venir, tu le trouveras bien pour t'en aller.

Puis, s'adressant à ses hommes, sans s'inquiéter du douanier, qui, une rame à chaque main, s'éloignait déjà du bâtiment:

— Amis, dit-il, fermez solidement l'écoutille des matelots, je me charge de celle des officiers.

— Où vas-tu ? demanda Jane.

— Faire, selon toute probabilité, une visite au capitaine Montane, dit Élim ; mais, comme il est garçon, les femmes ne peuvent pas se présenter chez lui. Assieds-toi donc là et attends-moi.

Rassurée par le ton de plaisanterie qu'affectait son amant, Jane fit ce qu'il désirait.

Élim l'enveloppa de son manteau ; il ne voulait pas, l'égoïste fiancé, perdre une feuille de rose des joues de la jeune fille.

Puis il descendit doucement par l'escalier des officiers, et, guidé par une voix, se dirigea vers la porte de la cabine. Élim s'assura que la clef était en dehors, et, baissant la tête, il appliqua son œil au trou de serrure.

Il ne s'était pas trompé : le capitaine, assis à table

avec deux de ses lieutenants, buvait à plein verre le champagne.

— Ah! capitaine, disait un lieutenant, c'est affaire à vous, parole d'honneur!

— A la santé de mademoiselle Jane! dit l'autre.

— A la santé de Jane, répéta le capitaine en appuyant sur le nom de baptême dépouillé de son escorte. Merci, messieurs.

Et les trois douaniers vidèrent leurs verres.

— Va chercher tes camarades, dit Élim à Yorsko.

— Je comprends, dit celui-ci.

Et il s'éloigna sur la pointe du pied.

Élim continua de regarder et d'écouter.

Le capitaine déboucha une troisième bouteille.

— Et le bien-aimé, demanda un des lieutenants, qu'en faites-vous, capitaine?

— Ah! lui, c'est autre chose, dit Montano avec son mauvais sourire; lui, on me l'amène ici bien lié et bien garrotté; après quoi, pour qu'il ne nous vienne pas ennuyer de ses doléances amoureuses, nous l'expédions en France.

— Nous sommes là, mon lieutenant, dit Yorsko.

— Bien, répondit Élim ; silence ! et agissez selon que vous me verrez agir.

— Eh bien, capitaine, dit un des lieutenants, soyons généreux.

— Je ne demande pas mieux, dit le capitaine.

Et, se renversant sur sa chaise avec un air plein de fatuité :

— Dites, lieutenant, dites.

— A la santé du pauvre amoureux ! C'est bien le moins que vous lui deviez, capitaine.

— Ah ! cap de Diou, comme dit Cabaret, c'est une bonne idée ! s'écria Montano. A la santé du pauvre amoureux, comme vous avez dit ; et je n'ai qu'un regret : c'est qu'il ne soit pas là pour nous faire raison.

— Que votre désir soit comblé, capitaine, dit Élim en ouvrant la porte. Il y est.

Les trois douaniers regardèrent, stupéfaits, le nouveau venu, qui sortait on ne sait d'où.

Élim s'avança jusqu'à la table, remplit un verre, et, le levant au-dessus de sa tête :

— A la santé du pauvre amoureux ! répéta-t-il.

Puis, se retournant vers les marins :

— Criez hourra, vous autres, leur dit-il en russe.

Les marins crièrent hourra d'une seule voix.

Élim vida son verre.

— Eh bien, messieurs, dit-il, vous ne buvez pas ?

Le capitaine Montano, qui avait reconnu Élim, tremblait tellement, que son verre se vidait tout seul.

Les deux autres officiers, ne pouvant comprendre ce qui se passait, posèrent leurs verres sur la table et portèrent la main à leur épée.

— Pas de résistance, messieurs, dit Élim ; nous

sommes maîtres de votre bâtiment, et, si vous en doutez, en voici la preuve : entrez, mes braves !

Les cinq matelots entrèrent, le fusil à la main.

— Capitaine, dit Élim s'adressant à Montane, voilà un de ces tours comme nous en joue parfois la destinée : au lieu que ce soit vous qui me teniez, c'est moi qui vous tiens ; au lieu que ce soit moi qui aille me promener en France, c'est vous qui irez faire un tour en Russie ; mais vous n'êtes pas malheureux, vous y arriverez pour le traînage. Vos armes, messieurs.

Il n'y avait pas de résistance à faire ; les trois officiers rendirent leurs épées.

— Yorsko, continua Élim, conduis ces messieurs dans la cabine du lieutenant, nous avons besoin de celle-ci pour une dame.

XI

LE MARIAGE FORCÉ

On sait pour quelle dame était la cabine.

A peine Jane y fut-elle installée, qu'Élim, s'emparant du commandement du sloop, ordonna de lever l'ancre.

— Si nous coupions le câble tout simplement? dit Yorsko.

— Tu as raison, ce sera plus tôt fait.

Yorsko prit une hache, coupa le câble, et le navire dériva.

Mais presque aussitôt, au commandement d'Élim, les voiles se déploient, le vent qui soufflait de terre les arrondit, et le petit bâtiment, quoique d'une construction assez lourde, fend sans difficulté la mer.

Au point du jour, Élim aperçut la ligne des vaisseaux formant le blocus.

Un petit cutter de service qui, chaque nuit, servait de mouche à la flotte, vint à lui.

Le jeune officier qui commandait le cutter vit, à la coupe du bâtiment et à sa voilure, qu'il était hollandais. Il fit feu sur lui de son unique canon.

Et, l'alarme donnée, il se hâta de regagner la flotte.

En un instant, toutes les batteries de la flotte furent éclairées par des lanternes.

Élim prit un porte-voix et cria :

— Ne tirez pas, je suis Russe, et j'amène un bâtiment hollandais !

Mais sa voix se perdit dans l'espace.

Une lumière brilla au sabord du bâtiment le plus proche, et un boulet, ricochant à bâbord, fit voler l'eau jusque sur le pont.

— Mais que diable font-ils donc, Yorsko? demanda Élim.

— Vous le voyez bien, lieutenant, ils tirent sur nous.

— Mais ils vont nous couler !

— Dans dix minutes, ce sera fait, lieutenant, si...

Un second boulet coupa la parole à Yorsko, en même temps que la grande vergue.

— Si quoi ?... demanda Élim.

— Si vous ne changez pas de pavillon, lieutenant.

Élim leva la tête; le pavillon hollandais flottait fièrement à la corne du sloop.

— Vous voyez bien, lieutenant, dit Yorsko, qu'ils croient que nous venons les prendre à l'abordage.

— Fou que je suis ! dit Élim.

Puis, se tournant vers ses hommes :

— Amenez le pavillon hollandais, et hissez ce mouchoir, dit-il.

Le pavillon hollandais fut amené et le mouchoir d'Élim prit sa place.

Avant que l'échange pût être opéré, un troisième boulet était venu s'enfoncer dans l'avant du sloop.

Mais, à la vue du mouchoir blanc, qui indiquait un bâtiment parlementaire, tout feu cessa.

Élim promena son regard sur la flotte et reconnut son bâtiment.

— Gouverne sur *le Vladimir*, Yorsko, dit-il ; tu dois être, comme moi, pressé de rentrer à la maison.

Yorsko gouverna sur *le Vladimir*.

Il commençait à faire assez jour pour que l'on distinguât ce qui se passait sur la flotte.

Tous les équipages, éveillés par les quatre coups de canon qui venaient d'être tirés, étaient sur les ponts et dans les haubans.

On n'était pas moins curieux à bord du *Vladimir*,

vers lequel semblait de préférence se diriger le sloop, que sur les autres bâtiments.

— Bon ! dit Élim, voilà Nicolas-Alexiovitch qui nous regarde avec sa lunette.

Puis, reprenant le porte-voix, il cria :

— Eh ! bonjour, Nicolas-Alexiovitch.

— Le diable m'emporte si ce n'est pas ce fou d'Élim ! dit le lieutenant.

— Élim, Élim, Élim ! crièrent vingt voix d'officier.

— Le lieutenant Molosor ! dit l'équipage d'une seule voix. Hourra pour le lieutenant Molosor !

— Accostez ! cria Élim aux matelots.

Ceux-ci, armés de gaffes à l'aide desquelles ils amortirent le choc, accrochèrent le sloop à la frégate.

— En vérité, mon cher Élim, dit Nicolas-Alexiovitch en tendant la main au jeune lieutenant, il faut que tu sois sorcier : tu tombes à l'eau, et tu ne te noies pas; tu passes dans le feu, et tu ne te brûles pas. Nous t'avons cru arc[illegible]u. Te voilà sain et sauf, sois le bien arrivé.

— Et je ne suis pas arrivé seul, dit Élim en tendant la main à Jane, que Yorsko soulevait entre ses bras.

— Ah ! ah ! dit maître Nicolas en apercevant la jeune fille. Cela ne m'étonne pas que nous t'ayons pris pour un brûlot. Il ne fallait que ces deux yeux-là pour faire sauter la flotte.

— Mon cher Nicolas, dit à son tour Élim, fais-moi le plaisir de donner le bras à madame jusqu'à ce que je me sois expliqué avec le capitaine.

Nicolas-Alexiovitch s'inclina devant Jane et lui présenta le bras.

Élim trouva le capitaine mettant le pied sur le premier degré de l'escalier qui conduisait de la cabine au pont.

Le capitaine jeta un cri de joie en reconnaissant Élim ; il aimait le jeune homme comme il eût aimé son enfant.

— C'est bien ! c'est bien ! dit-il lorsque Élim eut terminé son récit. Nous veillerons à ce qu'on te paye un bon prix le sloop que tu as amené. Mais dites-moi, monsieur le lieutenant, ajouta le capitaine d'un ton sévère, quelle est la dame qui vous accompagne ?

Le capitaine avait vu par sa fenêtre le transbordement de Jane.

Élim rougit et balbutia ; il connaissait l'expresse défense existant sur la flotte russe, de recevoir des femmes à bord d'un bâtiment.

Alors, il raconta ce que nous savons. Le capitaine écouta froidement le récit du jeune homme.

— Tout ce que vous me dites là, Élim-Paulovitch, est vrai, je n'en doute pas, répondit le capitaine ; mais votre dévouement pour vos camarades près de périr, votre retour avec un bâtiment ennemi, ont attiré sur vous les yeux de toute la flotte. Vous devez conserver votre nom pur de tout soupçon, Élim ; or, chacun aura droit de penser que vous avez inventé tout ce roman, pour coudre une liaison avec une personne indigne de vous.

— Capitaine !... s'écria le jeune homme en rougissant; car la flamme de la colère lui montait au visage.

— Ne nous fâchons pas, Élim ; écoutez-moi, au contraire, tranquillement : plus vous vous fâcherez, et surtout vis-à-vis de moi, plus vous serez dans votre tort. Vous savez, n'est-ce pas ? que nos lois maritimes défendent d'avoir des femmes à bord en temps de guerre. Quel rapport voulez-vous que je fasse à l'amiral ? Sa première question sera : « Est-ce sa femme ou sa sœur ? »

Élim baissa la tête et garda le silence.

Le capitaine continua d'une voix plus douce :

— Supposons même, mon cher Élim, que cette affaire ne vous fasse aucun tort dans l'esprit des marins : ne devez-vous pas penser à la réputation de cette pauvre enfant, qui aura d'autant plus à perdre sous ce rapport, qu'elle sera plus innocente ? Vous êtes maintenant son seul protecteur, Élim, et l'honneur d'une jeune fille est chose sainte.

— Que faire, capitaine ? dit tristement Élim. Dirigez-moi, conseillez-moi.

— Que je vous dirige, que je vous conseille, Élim ?

— Oh ! oui, oui, capitaine, je vous en supplie.

— Vous voulez que je vous parle comme si vous étiez mon fils ?

— Je vous le demande en grâce.

— Aimes-tu cette enfant, Élim ? demanda le capitaine.

— Je suis prêt à donner ma vie pour elle.

— T'aime-t-elle ?

— De toute son âme !

— Feras-tu son bonheur ?

— Oh ! pour cela, capitaine, j'en réponds.

— As-tu le consentement de ses parents ?

— Elle est ma fiancée.

— Eh bien, mais alors, mon cher, épouse-là !

— Si vite, capitaine ? demanda le jeune homme presque étouffé par la joie.

— A l'instant même ; je vous cède ma cabine, et je suis votre père-ami (1).

— Oh ! mon bien bon, mon bien cher ami ! s'écria Élim en se jetant dans les bras du digne officier.

— Allons, dit le capitaine, voilà qui est arrangé. Va prévenir madame la mariée maintenant ; c'est bien le moins qu'elle sache la chose cinq minutes d'avance.

(1) Nom qu'en Russie on donne au meilleur ami de la famille, qui sert de second père.

Élim remonta sur le pont, et, moitié riant, moitié pleurant, il arracha la jeune fille du bras de Nicolas-Alexiovitch et la serra sur son cœur.

— Mais qu'y a-t-il donc, Élim ? qu'y a-t-il donc ? demanda Jane.

— Il y a, ma chère Jane,... répondit Élim. Mon Dieu ! je ne puis pas croire à mon bonheur.

— Parle.

— Il y a que le capitaine exige que nous nous mariions sur-le-champ.

— Sur-le-champ ? répéta la jeune fille tout étourdie.

— Tu ne peux pas t'y refuser, Jane, c'est la loi.

— Mais je ne m'y refuse pas, dit la jeune fille en rougissant et en baissant les yeux.

— Oh ! tiens, tu es un ange !

Le prêtre attend les fiancés dans la cabine du capitaine, dit Yorsko, et je vous préviens, mon lieutenant, qu'il est pressé.

— Allons, répondit la jeune fille d'une voix presque inintelligible, tandis que son bras, frissonnant à celui d'Élim, parlait plus intelligiblement que sa voix.

Nicolas-Alexiovitch servit de père à la fiancée, et le capitaine au promis.

Tout l'équipage eut le droit de descendre dans l'entre-pont et assista à une cérémonie qui, ayant lieu rarement à bord d'une frégate, y excitait la curiosité générale.

La bénédiction nuptiale donnée, on entendit aussitôt retentir les bouchons qui s'échappaient bruyamment des goulots des bouteilles de vin de Champagne.

C'était le canon qui célébrait le mariage.

Jane, toute rougissante, remercia les assistants et donna ses joues roses à baiser aux officiers du *Vladimir*.

— Et maintenant, dit le capitaine, vous devez être fatigués. Bonne nuit, mes enfants! on vous éveillera pour dîner.

Et il sortit en fermant la porte.

Élim et Jane restèrent seuls.

Trois jours après le mariage d'Élim et de Jane, la flotte allait hiverner à Tchata.

La première personne que les jeunes époux rencontrèrent sur le quai fut maître August van Naarvaersen.

Élim et Jane se jetèrent dans ses bras en l'appelant tous deux *mon père*.

Le vieillard faillit mourir de joie; il pleurait, il riait, caressait et grondait.

Mais il n'y avait pas à revenir sur les événements; tout était fini, et pour le mieux.

On écrivit à la maîtresse, restée à la maison.

Une semaine après, Jane reçut une lettre de sa mère.

La bonne femme lui envoyait sa bénédiction; mais elle ne pouvait s'empêcher d'exprimer à Jane le regret de ce qu'elle n'avait pu, pour le souper de noces, lui confectionner le fameux gâteau de pommes dont elle avait seule le secret.

Et ce qui, selon elle, était un malheur irréparable, c'était l'absence de ce fameux lit qui était dans la famille depuis cinq générations.

Jane riait et pleurait à son tour.

— Mon bon père, dit-elle, vous direz à ma mère...

— Que tu t'en es très-bien passée, mon enfant, répondit le vieillard.

Jane regarda son mari et se jeta toute rougissante entre ses bras, tandis que celui-ci, par-dessus son épaule, serrait la main de maître August van Naarvaersen.

— Saperloot! dit le vieillard, c'est trop bête de retenir ses larmes; cela étouffe.

Et il se mit à pleurer franchement.

Par bonheur, c'était de joie.

UN COUP DE FEU

I

Nous étions dans un petit bourg. La vie d'un officier de ligne est connue : le matin, il y a exercice, manége, dîner chez le chef du régiment, ou bien dans une auberge juive; le soir, le bol de punch et les cartes. Dans ce bourg, il n'y avait pas une seule maison qui reçût, pas un soupçon de promises. Nous nous rassemblions les uns chez les autres, où nous ne voyions que nos uniformes à nous.

Un seul individu non militaire appartenait à notre

société. C'était un homme de trente-cinq ans, à peu près ; c'est pourquoi nous le tenions pour un vétéran. Son expérience lui donnait parmi nous une certaine autorité, de même que sa tristesse habituelle, son caractère âpre, sa langue envenimée avaient une grande influence sur nos jeunes esprits. Quelque chose de mystérieux environnait son existence ; il avait l'air d'être Russe, et cependant il portait un nom étranger. Autrefois, il avait servi dans les hussards, et même très-heureusement ; personne n'a jamais connu la cause qui lui avait fait quitter le service et s'installer dans un misérable bourg, où il menait une vie à la fois triste et coûteuse. Il sortait toujours à pied, quelque temps qu'il fît. Il était habillé d'un vieux surtout noir. Il tenait table ouverte pour tous les officiers du régiment : il est vrai que son dîner ne consistait qu'en deux ou trois plats préparés par un vieux soldat en retraite; mais, en revanche, le champagne ne tarissait pas.

Nul ne connaissait ni ses moyens ni ses ressources, et personne n'osait l'interroger là-dessus. Sa bibliothèque consistait, en grande partie, en livres militaires et en romans, qu'il prêtait volontiers, sans jamais les réclamer lorsqu'on oubliait de les lui rendre. Il faut dire que, de son côté, il ne rendait jamais les livres qu'on lui prêtait. Sa principale occupation était le tir au pistolet; les murs de ses chambres, criblés de balles, étaient remplis de trous comme des ruches d'abeilles. Une riche collection de pistolets était le seul luxe de la bicoque qu'il occupait; la perfection avec laquelle il maniait le pistolet était telle, que, s'il eût proposé à un des officiers de notre régiment d'abattre une poire posée sur sa casquette, celui-ci eût accepté sans hésitation.

Souvent, dans nos causeries, nous parlions duel : Sylvio — c'est ainsi que je le nommerai — ne prenait jamais part à ces sortes de conversations. Si par hasard on lui demandait : « Vous êtes-vous jamais battu? » il vous répondait avec aigreur un *oui* bien sec; mais jamais il ne donnait de détails sur ses duels, et l'on voyait que ces questions lui étaient on ne peut plus désagréables.

Nous étions persuadés que sa conscience lui reprochait une victime de l'art fatal dans lequel il eût pu être professeur. Au reste, il ne nous était jamais venu en tête de le soupçonner de poltronnerie. Il y a, d'ailleurs, des hommes dont l'extérieur seul éloigne tout soupçon de ce genre. Une aventure survint qui nous étonna tous.

Une fois, dix de nos camarades dînaient chez Sylvio; on buvait comme à l'ordinaire, énormément. Après dîner, nous suppliâmes le maître de la maison de nous tailler une banque. Il refusa ; rarement il jouait. Néanmoins, poussé à bout par nos instances, il fit donner les cartes, et, après avoir jeté sur la table une cinquantaine de ducats, il commença de tailler. Nous nous groupâmes autour de la table, et le jeu commença. Comme d'habitude, il gardait un profond silence, ne disputait jamais, et jamais n'avait d'explication. Si le ponteur par hasard se trompait, alors il payait ce qui manquait; si l'erreur avait lieu en sa faveur, il inscrivait.

Nous savions déjà cela depuis longtemps, et nous ne l'empêchions jamais de faire à sa fantaisie; mais, parmi nous, ce jour-là, se trouvait un officier arrivé depuis peu au régiment; jouant avec distraction, il plia un paroli; Sylvio prit la craie et, selon son système, il inscrivit. L'officier, croyant qu'i s'était trompé, voulut avoir une explication; Sylvio, sans faire attention à la chose, continuait de tailler,

L'officier, perdant alors patience, saisit la brosse, et effaça ce qui lui paraissait inscrit en trop. Alors Sylvio prit la craie et refit les chiffres. L'officier, excité par le vin, le jeu et le rire des camarades, se crut grièvement offensé, et, dans un mouvement de colère, il prit un candélabre et le jeta à la tête de Sylvio, qui, par bonheur, évita le coup.

Nous étions tous confus.

Sylvio se leva, pâle de colère et les yeux flamboyants.

— Monsieur, sortez, je vous prie, lui dit-il, et remerciez Dieu que cela soit arrivé dans ma maison.

Nous n'eûmes aucun doute sur les suites de cette agression, et nous regardâmes d'avance notre ami comme tué. L'officier sortit en disant qu'ayant insulté Sylvio, il était prêt à lui donner telle satisfaction qui lui conviendrait.

Nous continuâmes à jouer quelques minutes encore; mais, comme nous vîmes que le maître de la maison n'avait plus l'esprit au jeu, nous rentrâmes dans nos logements, en parlant de la prochaine vacance qui ne pouvait manquer d'avoir lieu dans le régiment.

Le lendemain, en nous revoyant au manége, nous nous demandâmes si le pauvre lieutenant était encore de ce monde. En ce moment même, il arriva.

Nous lui fîmes la même question; mais, à notre grand étonnement, il nous répondit que, jusqu'à cette heure, il n'avait pas entendu parler de Sylvio.

Nous allâmes alors chez Sylvio; nous le trouvâmes dans la cour, le pistolet à la main, et mettant balle sur balle dans un as collé contre la porte cochère.

Il nous reçut avec le même visage que d'habitude, ne soufflant mot de l'événement de la veille.

Trois jours se passèrent, le lieutenant était toujours vivant.

Nous nous demandâmes si Sylvio ne se battrait point; Sylvio ne se battit point.

Il se contenta d'une légère explication et fit la paix.

Cela lui nuisit fort dans l'esprit des jeunes gens. Le manque de courage est la chose qui se pardonne le moins dans le premier âge de la vie, où la bravoure semble le *nec plus ultrà* des vertus humaines et l'excuse de tous les vices.

Cependant tout s'oublia peu à peu, et Sylvio reconquit son influence sur nous.

Moi seul, je ne pouvais prendre sur moi de me rapprocher de lui : ayant naturellement l'imagination romanesque, j'étais le plus attaché à cet homme, dont la vie était une énigme, et qui m'apparaissait comme le héros de quelque roman mystérieux. Il m'aimait, ou, s'il ne m'aimait pas, du moins avec moi seul laissait-il de côté ses sarcasmes habituels, parlant de toutes choses avec franchise, simplicité et agrément. Mais, après cette malheureuse soirée, la pensée de la tache faite à son honneur, tache qu'il n'avait pas voulu laver, ne me quittait plus et m'empêchait d'être pour lui le même qu'auparavant : il m'était impossible de le regarder en face.

Sylvio était trop pénétrant et trop expérimenté pour ne pas remarquer ma froideur et ne pas en deviner la cause ; il me parut s'en affliger : au moins, je remarquai que deux ou trois fois il avait eu le désir de s'expliquer avec moi. Mais j'y répugnais, et Sylvio renonça à l'explication.

Depuis ce temps, je ne le revis qu'en présence de nos camarades, et nos conversations intimes cessèrent.

Les habitants des villes ne comprennent pas ces sensations si bien connues des habitants des bourgs et des villages, comme, par exemple, l'arrivée de la poste. Les mardis et les vendredis, la chancellerie de notre régiment était pleine d'officiers : l'un attendait de l'argent, l'autre des journaux, l'autre des lettres : les paquets, d'habitude, s'ouvraient à l'instant même, les nouvelles circulaient, et la chancellerie présentait un tableau des plus animés.

Sylvio recevait ses lettres par la voie de notre chancellerie, et y venait aussi les jours d'arrivée. Une fois, on lui présenta un paquet dont il arracha le cachet avec les marques d'une vive impatience.

En parcourant la lettre, ses yeux lançaient des éclairs; mais, comme chacun était occupé de ses propres affaires, personne n'y fit attention.

— Messieurs, dit Sylvio, la situation de mes affaires demande que je parte immédiatement. Je pars donc la nuit prochaine, et j'espère que vous ne me refuserez pas de dîner avec moi pour la dernière fois. Je vous attends, vous aussi, et vous attends absolument, dit-il en s'adressant à moi.

En disant ces mots, il sortit précipitamment, et nous, de notre côté, nous nous retirâmes en nous disant que nous nous rendrions à son invitation.

J'arrivai chez Sylvio à l'heure indiquée, et j'y trouvai presque tout le régiment : ses effets et même ses meubles étaient déjà emballés, et il ne restait que les murs criblés de balles.

Nous nous mîmes à table. Le maître de la maison était de joyeuse humeur, et bientôt sa gaieté nous gagna tous : les bouchons sautaient, les verres se remplissaient, et nous souhaitions, du plus profond de notre cœur, bon voyage à celui qui partait.

Il était tard lorsque nous sortîmes de table; on commençait à se retirer, Sylvio prenait congé de tout le monde, et, au moment où j'allais faire comme les autres, il me dit tout bas :

— J'ai besoin de vous parler.

Je restai.

Lorsque tout le monde se fut retiré, nous demeurâmes en tête-à-tête, et, au milieu du plus profond silence, nous commençâmes à tirer force fumée de nos chibouques.

Sylvio était préoccupé ; il ne lui restait pas trace de sa gaieté nerveuse. Une pâleur livide, des yeux étincelants, des nuages de fumée qui lui sortaient de la bouche, lui donnaient l'air d'un démon.

Plusieurs minutes s'écoulèrent ; Sylvio rompit le silence.

— Peut-être ne nous reverrons-nous jamais, me dit-il. Avant mon départ, je voudrais avoir une explication avec vous. Peut-être avez-vous remarqué que je m'occupe fort peu de l'opinion que les autres peuvent avoir de moi ; mais vous, je vous aime, et je sens qu'il me serait pénible de vous laisser dans l'esprit une mauvaise opinion de moi.

Il s'arrêta, et commença à bourrer de nouveau sa pipe. Je me taisais et restais les yeux baissés.

— Cela vous a paru étrange, n'est-ce pas, continua-t-il, que je ne demandasse point réparation à ce stupide ivrogne qui m'avait jeté un candélabre à la tête? Vous comprenez bien qu'ayant le choix des armes et le droit de tirer le premier, sa vie était dans mes mains, tandis que la mienne ne courait pas grand risque... Je pourrais mettre ma modération sur le compte de ma grandeur d'âme; mais je ne veux pas mentir : si j'eusse pu le punir sans risquer ma vie, je ne lui eusse point pardonné.

Je regardai Sylvio avec stupéfaction; un tel aveu me cassait les bras.

Sylvio continua.

— Oui, c'est vrai; je n'ai pas le droit de risquer ma vie. Il y a six ans que j'ai reçu un soufflet, et celui qui me l'a donné est encore vivant.

Ma curiosité était excitée au plus haut degré.

— Ne vous êtes-vous donc point battu? lui demandai-je. La situation de vos affaires vous aura sans doute éloignés l'un de l'autre?

— Je me suis battu, répondit Sylvio, et voici la preuve de notre duel.

Il se leva, et tira d'un carton à chapeau un bonnet de police; il le mit sur sa tête : il était troué d'une balle à un pouce du front.

— Vous savez, reprit Sylvio, que j'ai servi dans le régiment de hussards de... Mon caractère vous est connu, je suis habitué à être le premier partout. Dans ma jeunesse, ce fut pour moi un irrésistible besoin : de mon temps, il était de mode d'être tapageur, j'étais le premier tapageur de toute l'armée. Nous applaudissions au plus intrépide buveur, j'ai bu plus que le célèbre P..., qui a été chanté par

D... Les duels dans notre régiment étaient plus que quotidiens : dans tous les duels, ou j'étais témoin, ou j'étais acteur. Les camarades m'adoraient, et les commandants, qui à chaque moment étaient changés, me regardaient comme un mal incurable attaché au régiment.

» Je me reposais sur mes lauriers, lorsqu'un jeune homme, riche et d'une illustre famille, permettez-moi de taire son nom, entra dans notre régiment. De ma vie, je ne vis homme plus heureux. Figurez-vous la jeunesse, l'esprit, la beauté, la gaieté folle, la bravoure insouciante, une bourse intarissable, et, de plus, le grand nom qu'il portait; vous devinez la place qu'il pouvait prendre parmi nous.

» Ma royauté chancelait. En entendant beaucoup parler de moi, il commença de rechercher mon amitié ; je le reçus froidement, il s'éloigna avec indifférence. Je le pris en haine. Son succès au régiment et parmi les femmes me mettait au désespoir.

» Je m'avisai de lui chercher querelle; mais à mes épigrammes il répondait par des épigrammes plus spirituelles et plus piquantes que les miennes. J'étais forcé de l'avouer, et ma rage en augmentait. Je me fâchais, et lui badinait.

» Enfin, dans un bal chez un seigneur polonais, le voyant l'objet de l'attention de toutes les femmes et surtout de la maîtresse de la maison, qui était en liaison avec moi, je lui dis à l'oreille un injure grossière. Il s'emporta cette fois et me donna un soufflet.

» Nous nous jetâmes sur nos sabres; les dames s'évanouirent; on nous sépara, et, la même nuit, nous partîmes pour nous battre.

» Le jour se levait : j'étais à l'endroit indiqué, en compagnie de mes trois témoins; avec une impatience fébrile, j'attendais mon ennemi, dont j'eusse voulu hâter l'arrivée. Le soleil du printemps se montrait au-dessus de l'horizon, et sa chaleur commençait à se répandre, lorsque j'aperçus mon adversaire ; il venait à pied, portant son habit d'uniforme au bout de son sabre, et accompagné d'un seul témoin.

» Nous allâmes à sa rencontre; il s'approcha de nous, tenant à la main sa casquette pleine de merises.

» Les témoins nous mesurèrent douze pas.

» J'avais le droit de tirer le premier ; mais l'agitation de mon pouls était telle, que je n'étais plus sûr de ma balle, et que j'insistai pour que ce fût lui qui fît feu le premier.

» Il refusa.

» Nous décidâmes que l'on s'en rapporterait au sort.

» La chance fut pour ce favori du bonheur.

» Il visa et perça ma casquette.

» C'était à moi de tirer. Enfin je tenais sa vie entre mes mains. Je le regardai avec avidité, en tâchant de saisir en lui au moins l'ombre d'un frémissement. Il attendait mon coup de feu en mangeant ses merises, qu'il tirait de sa casquette, et dont il soufflait les noyaux, qui venaient tomber jusqu'à mes pieds.

» Son sang-froid m'exaspéra.

» — Quelle nécessité, me demandai-je, d'ôter la vie à un homme auquel la vie paraît si indifférente?

» Une mauvaise idée me traversa le cerveau; j'abaissai mon pistolet.

» — Je crois, lui dis-je, que vous n'êtes pas préparé à la mort, déjeunant aussi agréablement que vous le faites. Permettez-moi donc de vous laisser achever votre repas.

» — Vous ne me dérangez nullement, monsieur;

mais faites comme vous voudrez. Vous avez un coup à tirer sur moi; que vous le tiriez maintenant ou plus tard, je serai toujours à votre disposition.

» Je me retournai vers les témoins en leur disant :

» — Je ne tirerai pas aujourd'hui.

» Et le duel fut fini.

» Je pris mon congé, et je me retirai dans ce bourg, où pas un jour ne se passa depuis ce temps sans que je pensasse à la vengeance. Maintenant, l'heure est arrivée.

Sylvio tira de sa poche la lettre qu'il avait reçue le matin, et me la donna à lire.

Quelqu'un — il me parut que c'était son homme d'affaires — lui écrivait que la personne en question se préparait à se marier avec une charmante jeune fille.

— Vous devinez, continua Sylvio, quelle est la personne en question. Eh bien, je pars pour Moscou, et nous verrons s'il envisage la mort avec autant de sang-froid demain ou après-demain que le jour où il mangeait des merises.

En disant ces mots, Sylvio se leva, jeta sa casquette à terre, et commença à marcher de long en large dans sa chambre comme un tigre dans sa cage.

Je le suivais des yeux sans bouger; des idées étranges et opposées se heurtaient dans son esprit.

Le domestique entra en disant que les chevaux étaient prêts. Sylvio me serra la main nous nous embrassâmes; il s'assit dans un petit chariot, où étaient chargés seulement deux choses : un sac de voyage, une boîte de pistolets.

Et la voiture partit au galop.

II

Plusieurs années s'étaient écoulées ; la situation de mes affaires me forçait d'habiter un petit village du district de N... Quoique je m'occupasse de ma maison, je n'en regrettais pas moins ma vie d'autrefois, si gaie et si insouciante. La chose surtout à laquelle je ne pouvais m'habituer, c'était de passer les longues soirées du printemps et de l'hiver dans une solitude absolue. Je trouvais encore moyen de tuer le temps jusqu'au diner, soit en causant avec mon starosta (1), soit en visitant mes champs, soit en inspectant des bâtisses nouvelles, que je faisais exécuter ; mais, du moment où le soleil s'abaissait vers l'horizon, je ne savais plus que devenir.

(1) Maire de village, qui est souvent esclave malgré ce poste éminent.

Le peu de livres que j'avais pu trouver dans les secrétaires, sous les commodes et dans mon garde-meuble, je les connaissais déjà par cœur; tous les contes que pouvait se rappeler ma ménagère Kirolovna m'avaient été racontés depuis longtemps; les chants de mes villageoises avaient fini par ne plus m'inspirer que de la mélancolie. Il y eut un moment où j'eus recours à la liqueur de cerises; mais cette liqueur me brisait la tête, et, à vous dire le vrai, j'avais peur de devenir ivrogne *de malheur*, la pire espèce d'ivrogne que je connaisse et qui foisonne dans notre district.

De proches voisins, je n'en avais pas, excepté deux ou trois ivrognes *amers*, dont la conversation consistait, le plus souvent, en hoquets et en soupirs; enfin, je me dis que la meilleure des choses que je pusse faire était de me coucher de bonne heure en dînant le plus tard possible.

En conséquence, j'allongeai mes jours et diminuai mes soirées.

A la distance de quatre verstes de ma maison se trouvait une riche propriété appartenant à la comtesse B...; mais, dans cette propriété, l'intendant vivait seul. La comtesse y était venue un mois à peine la première année de son mariage; cependant, au second printemps de ma solitude, le bruit courut que la comtesse viendrait avec son mari passer l'été à la campagne; et, en effet, au commencement du mois de juin, ils arrivèrent.

L'arrivée d'un riche voisin est un événement pour les campagnards ennuyés. Les propriétaires et leurs serviteurs en parlent deux mois avant et trois mois encore après leur départ. Pour ce qui me concerne, je vous avouerai que l'arrivée de ma jeune et belle voisine avait causé un grand bouleversement dans ma vie, et que je brûlais d'impatience

En conséquence, j'allongeai mes jours et diminuai mes soirées.

A la distance de quatre verstes de ma maison se trouvait une riche propriété appartenant à la comtesse B...; mais, dans cette propriété, l'intendant vivait seul. La comtesse y était venue un mois à peine la première année de son mariage; cependant, au second printemps de ma solitude, le bruit courut que la comtesse viendrait avec son mari passer l'été à la campagne; et, en effet, au commencement du mois de juin, ils arrivèrent.

L'arrivée d'un riche voisin est un événement pour les campagnards ennuyés. Les propriétaires et leurs serviteurs en parlent deux mois avant et trois mois encore après leur départ. Pour ce qui me concerne, je vous avouerai que l'arrivée de ma jeune et belle voisine avait causé un grand bouleversement dans ma vie, et que je brûlais d'impatience de la voir. C'est pourquoi, le premier dimanche après son arrivée, j'allai à leur campagne pour me recommander à Leurs Excellences comme leur plus proche voisin et leur plus humble serviteur.

Le laquais me conduisit dans le cabinet du comte et m'y laissa pour aller m'annoncer.

L'immense cabinet était meublé avec le plus grand luxe. Le long des murs étaient rangées des bibliothèques, et sur chaque bibliothèque était un buste en bronze ; la cheminée de marbre était ornée d'une large glace. Sur tout le plancher était étendu un drap vert, et, sur ce drap vert, des tapis. Ayant, dans mon petit coin, perdu l'habitude du luxe, et n'ayant pas depuis longtemps vu la richesse d'autrui, je me sentis pris d'une émotion qui ressemblait à la peur, et j'attendais le comte avec cette étrange sensation d'un solliciteur de province qui attend la sortie du ministre. Les portes s'ouvrirent, et un homme de trente-deux à trente-trois ans, d'une belle et noble figure, entra dans le cabinet.

Le comte — car c'était lui — s'approcha de moi avec un air franc et amical. Je tâchai de me remettre, je balbutiai quelques paroles d'excuse; mais le comte m'interrompit.

Nous nous assîmes : sa conversation libre et enjouée me dégagea bientôt de ma sauvage timidité. Je commençais déjà à entrer en possession de moi-même, lorsque je vis tout à coup entrer la comtesse, et me sentis plus troublé que je ne l'avais encore été.

Elle était véritablement fort belle.

Le comte me présenta à sa femme; je tâchai d'être aimable; mais plus je voulais me mettre à mon aise, plus je me sentais embarrassé.

Le comte et la comtesse, pour me donner le temps de me remettre de mon émotion, commencèrent à se parler entre eux, et finirent par se comporter avec moi comme ils eussent fait avec une vieille connaissance, c'est-à-dire sans cérémonie aucune. Pendant leur conversation, j'examinais tantôt les livres posés sur les tables, tantôt les peintures accrochées à la muraille. Je ne suis pas connaisseur en tableaux, mais l'un d'eux attira mon attention.

C'était un paysage de Suisse; mais ce n'était ni le site que représentait le paysage, ni l'exécution que je regardais : c'était le trou d'une balle se doublant et perçant le tableau.

— Diable! voilà un beau coup de pistolet! dis-je au comte.

— Oui, me répondit-il, c'est un coup remarquable, n'est-ce pas? Et vous, me demanda-t-il, tirez-vous bien?

— Passablement, lui dis-je : à trente pas, je suis à peu près sûr, avec un pistolet qui me serait connu, de toujours loger une balle dans une carte à jouer.

— Ah ! vraiment ! me dit la comtesse attentive au plus haut degré. Et toi, mon ami, ajouta-t-elle en se tournant vers son mari, ferais-tu ce que fait monsieur?

— Nous essayerons, dit le comte. Il y eut un temps où j'étais d'une certaine adresse à cet exercice; mais, depuis quatre ans, je n'ai pas touché un pistolet.

— Alors, répliquai-je, je tiens un pari : c'est que vous ne toucherez pas une carte, même à la distance de vingt pas. Le pistolet demande un exercice de tous les jours : ceci, je le sais par expérience. Au régiment, j'étais un des meilleurs tireurs de pistolet; eh bien, une fois, il arriva que, mes armes étant en réparation, je fus un mois sans m'exercer. Figurez-vous donc, Excellence, que, la première fois que je me remis à tirer, je manquai quatre fois de suite une bouteille à vingt-cinq pas... Oh ! non, Excellence, il ne faut pas se négliger, ou, sans cela, on se déshabitue tout de suite. Le meilleur tireur que j'aie connu avait l'habitude de couper tous les jours, avant son dîner, trois balles sur un couteau. Il s'était accoutumé à cela comme à prendre son petit verre d'eau-de-vie avant le potage.

Le comte et la comtesse paraissaient fort contents que je me lançasse dans la conversation.

— Et comment tirait-il? me demanda le comte.

— C'est bien simple, lui répondis-je : s'il arrivait par hasard qu'il vît une mouche sur le mur... — vous riez, comtesse; je vous jure que je vous dis la vérité! — il criait : « Cousma, un pistolet! » Le domestique lui apportait le pistolet tout chargé; à peine prenait-il le temps de viser : — paf! — la mouche était écrasée sur le mur.

— C'est merveilleux! dit le comte; et comment s'appelait-il?

— Sylvio, Excellence.

— Vous avez connu Sylvio? s'écria le comte en bondissant, vous avez connu Sylvio?

— Comment ne l'aurais-je point connu? nous étions amis! Il avait été reçu au régiment comme un camarade; voilà cinq ans que je n'ai entendu parler de lui; mais, d'après ce que vous dites, vous-même l'avez connu, Excellence?

— Oui, je l'ai connu, et bien connu, je vous jure! Si vous étiez son ami comme vous le dites, il a dû vous raconter une assez étrange histoire.

— N'est-ce pas celle d'un soufflet qu'il reçut dans un bal?

— Oui... Vous a-t-il dit le nom de celui qui lui donna ce soufflet?

— Non, Excellence, jamais.

Puis, tout à coup, frappé d'une idée et regardant le comte :

— C'est vous? lui dis-je.

— Oui, c'est moi, répondit le comte avec une vive agitation, et ce tableau percé est un souvenir de notre dernière entrevue.

— Oh! cher ami, ne raconte pas cela à monsieur, dit la comtesse; tu sais que ce récit me fait mal.

— Non, interrompit le comte, monsieur sait de quelle manière j'ai insulté son ami; qu'il sache aussi comment il s'est vengé.

Le comte approcha un fauteuil. Je m'assis, et j'écoutai avec le plus vif intérêt le récit suivant:

— Il y a cinq ans que je suis marié. Le premier mois, *the honey moon* (1), je le passai dans ce village. A cette maison se rattachaient mes plus doux instants de bonheur et mes plus tristes souvenirs.

» Un soir, nous montions à cheval, la comtesse et

(1) La lune de miel.

moi, quand, tout à coup, son cheval se cabra; elle eut peur, sauta à terre, me jeta les rênes, et s'achemina à pied vers la maison.

» En arrivant à la maison, je vis un équipage de voyage. On me dit qu'une visite m'attendait dans mon cabinet, et que la personne qui me la faisait avait refusé de dire son nom, mais avait répondu seulement qu'elle venait pour une affaire qui ne concernait que moi. J'entrai alors dans la chambre, et, dans un coin, j'aperçus un homme avec une longue barbe et tout couvert de poussière. Il se tenait près de la cheminée.

» Je restai un instant à l'examiner.

» — Tu ne me reconnais pas, comte? me demanda-t-il avec une sinistre vibration de voix.

» — Sylvio! m'écriai-je.

» Et j'avoue que je sentis mes cheveux se dresser sur mon front.

» — C'est à moi de tirer, me dit-il ; es-tu prêt?

» Il avait le pistolet à la ceinture.

» Je fis un mouvement de tête en signe que je reconnaissais son droit; et, mesurant douze pas, j'allai me placer dans l'angle de la chambre, le priant de tirer vite et avant que ma femme entrât.

» — Je n'y vois pas, dit-il; fais apporter de la lumière.

» J'appelai le domestique et lui ordonnai d'allumer les bougies ; puis je fermai la porte derrière lui et allai reprendre ma place, en le priant de nouveau de ne pas me faire attendre.

» Il visa, je comptai les secondes, je pensai à elle.

» Il se passa un moment affreux.

» Sylvio laissa tomber sa main.

» — C'est un malheur que le pistolet soit chargé d'une balle au lieu d'un noyau de cerise; il est lourd et me fatigue la main.

» Puis, après une minute qui me parut un siècle :

» — En vérité, dit-il, ce ne serait pas un duel, ce serait un assassinat. Je n'ai point l'habitude de tirer sur un homme désarmé. Recommençons, et tirons à qui fera feu le premier.

» Ma tête tournait ; je crois que je ne consentis pas d'abord. Cependant je me rappelle que nous chargeâmes les pistolets, que nous refîmes deux billets, et les mîmes dans la casquette qui avait été percée par moi.

» Le sort me favorisa.

» Je tirai de nouveau le premier.

» — Tu es diablement heureux, comte ! me dit-il avec un sourire que je n'oublierai jamais.

» Je ne sais pas comment cela s'était fait, mais, en tirant, au lieu de toucher mon adversaire, j'avais mis ma balle dans ce tableau.

Le comte montra du doigt le tableau. Son visage

était pourpre; celui de la comtesse, au contraire, était pâle jusqu'à la lividité.

Je ne pus retenir une exclamation.

— Sylvio leva de nouveau son pistolet et visa. Cette fois, l'expression de son visage me disait bien que je n'avais pas de grâce à attendre.

» Tout à coup, la porte s'ouvrit. Marie accourut, et avec un cri de terreur se jeta à mon cou.

» Sa présence me rendit mon sang-froid.

» Je fis un effort et j'éclatai de rire.

» — Folle ! lui dis-je; ne vois-tu pas que nous nous amusons? Il s'agit d'un pari. Est-il possible de se mettre dans un pareil état? Voyons, va boire un verre d'eau, reviens, et je te présenterai un ancien ami.

» Mais elle n'en voulut rien croire.

» — Monsieur, au nom du ciel ! est-ce vrai? demanda-t-elle en s'adressant au sombre Sylvio, est-ce vrai que vous plaisantez? est-ce vrai qu'il s'agit d'un pari?

» — Oui, oui, dit Sylvio, oui, nous plaisantons; c'est l'habitude du comte de plaisanter. Un jour, en plaisantant, il me donna un soufflet; un autre jour, en plaisantant encore, il me fit, avec une balle, ce trou à ma casquette; enfin, en plaisantant toujours, il vient de me manquer pour la seconde fois. A mon tour maintenant de plaisanter.

» Et, en disant ces mots, pour la troisième fois il leva son pistolet à la hauteur de ma poitrine.

» Marie comprit tout; elle se jeta à ses pieds.

» —Oh! m'écriai-je, comment n'as-tu pas honte?

» Et, furieux:

» — Voyons, monsieur, continuai-je, en finirez-vous? tirerez-vous, oui ou non?

» — Non, répondit Sylvio.

» — Comment, non?

» — Non, je suis content, j'ai vu ta crainte, tes angoisses, ta terreur. Deux fois je t'ai fait tirer sur moi, deux fois tu m'as manqué. Tu t'en souviendras; je te laisse avec ta conscience.

» Et il s'avança jusqu'à la porte pour sortir.

» Mais, sur le seuil, il s'arrêta, se retourna vers le tableau, prit à peine le temps de voir, fit feu et sortit. Pour que je ne doutasse point de son adresse, il avait mis sa balle juste sur la mienne.

» Ma femme était évanouie.

» Mes gens n'osèrent pas le retenir et le regardèrent passer avec effroi.

» A la porte de la rue, il appela l'isvoschik, et partit sans me donner le temps de me reconnaître.

Le comte se tut.

Je venais d'entendre la fin du roman au commencement duquel j'avais pris un si vif intérêt.

Depuis lors, je ne revis jamais Sylvio.

Le bruit courut que, lorsque, en 1820, Alexandre Ypsilanti donna le signal de la révolution de Grèce, Sylvio commandait une compagnie d'Hellènes et avait été tué à la bataille de Dragachan.

LE FAISEUR DE CERCUEILS

I

Les derniers meubles du faiseur de cercueils Adriane Prokorof furent placés sur un corbillard, dont il avait fait sa voiture de déménagement, et furent transportés, dans un quatrième et dernier voyage, par deux maigres chevaux noirs, de la Basmanna à la Nikitzky, où il allait demeurer avec sa famille.

Après avoir fermé sa boutique, il cloua sur sa porte un écriteau indiquant que la maison était à vendre ou à louer, et lui-même s'achemina à pied vers sa nouvelle demeure.

Au fur et à mesure qu'il approchait de la maison jaune qui, depuis si longtemps, avait été l'objet de ses désirs, et qu'il venait enfin d'acheter pour une somme assez considérable, le vieux faiseur de cercueils était tout étonné de ne pas sentir son cœur plus joyeux qu'il n'était.

En mettant le pied sur ce seuil inconnu, et en trouvant sa nouvelle habitation dans le plus grand désordre, il regretta sa vieille demeure, où, pendant l'espace de dix-huit ans, tout avait été conduit avec tant de soin ; dans sa mauvaise humeur, il se prit à gronder ses deux filles et son ouvrière de leur indolence, et, bien plus encore pour leur faire honte que pour hâter la besogne, il se mit lui-même à l'ouvrage.

Bientôt tout fut rangé; la vitrine où l'on garde les images des saints, le buffet, la table, le divan, le lit, occupèrent les places indiquées d'avance dans une chambre de derrière. Dans la cuisine et le salon furent placés les produits de son industrie, c'est-à-dire des cercueils de différentes tailles et de diverses couleurs. Dans les armoires furent suspendus les manteaux de deuil, les chapeaux funèbres et les loutres de Russie. Enfin, la présence de tout cet attirail mortuaire fut signalée aux passants par une enseigne représentant un gros Cupidon, qui tenait à la main un flambeau renversé, avec l'inscription suivante :

ON FAIT DES CERCUEILS
SIMPLES OU COLORIÉS, AVEC OU SANS GARNITURE ;
ON EN LOUE A L'OCCASION,
ET, AU BESOIN, ON RACCOMMODE LES VIEUX

Le rangement général opéré, les deux filles d'Adriane se retirèrent dans leur chambre. Quant a héros de notre histoire, après avoir passé pour la dernière fois en revue toute son habitation, depuis la cave jusqu'au grenier, il s'assit près de la fenêtre et fit allumer le *somavar*.

Le lecteur n'ignore sans doute point que Shakspeare et Walter Scott ont coutume de représenter leurs fossoyeurs ou leurs faiseurs de cercueils — deux professions qui se touchent du doigt — comme des personnages gais et plaisants : ils en tirent ce bénéfice que le contraste frappe notre imagination, et, par conséquent, nous impressionne davantage.

Notre respect pour la vérité nous défend malheureusement de suivre leur exemple, et nous sommes obligé d'avouer que le caractère de notre héros était en harmonie complète avec le métier qu'il exerçait. C'était un homme triste et pensif, lequel n'ouvrait la bouche que pour gronder ses filles lorsqu'il les trouvait inoccupées, ou pour surfaire le prix de sa marchandise à ceux qui avaient le malheur et quelquefois le bonheur d'en avoir besoin.

Adriano Prokorof était donc assis près de la fenêtre, et buvait, avec sa tristesse habituelle, sa septième tasse de thé, tout en songeant à cette grande pluie de la semaine dernière, qui avait assailli à la barrière le convoi d'un vieux brigadier qu'il conduisait à son dernier poste. Cette pluie avait causé un grand dégât. Plusieurs manteaux s'étaient rétrécis, plusieurs chapeaux s'étaient déformés par suite de cette averse : il pressentait, à la suite de cet événement, des dépenses de toute nécessité, dépenses d'autant plus inquiétantes que ses marchandises tiraient à leur fin, et que son établissement avait besoin d'être renouvelé de fond en comble.

Il avait bien une espérance : c'était de se rattraper de toutes ses pertes sur la marchande Troukina, qui, depuis une année, disait-on, était en train de mourir.

Mais Troukina mourait toujours et ne décédait jamais; et, comme elle demeurait dans la Bargoulay, c'est-à-dire proche de la maison que venait de quitter Adriano, celui-ci, avec juste raison, craignait que les héritiers, qui s'étaient engagés à se fournir dans son magasin, ne lui manquassent de parole maintenant qu'il avait quitté le quartier, et ne s'adressassent à son successeur.

Tout cela était fort triste, on l'avouera, et, comme Adriano, nous l'avons dit, n'était point naturellement d'un caractère folâtre, cette agglomération de circonstances néfastes avait changé son air mélancolique en un air lugubre.

Ses réflexions, qui avaient à ce point assombri sa physionomie, furent interrompues par trois coups frappés à sa porte à la manière maçonnique.

— Qui est là? demanda le faiseur de cercueils.

La porte s'ouvrit pour toute réponse, et un homme

qu'Adriane reconnut à l'instant même pour un ouvrier allemand, entra dans la chambre, et s'approcha gaiement du maître du logis.

— Pardon, mon cher voisin, dit le survenant avec une prononciation russe des plus grotesques; pardon si je vous dérange, mais j'ai voulu faire sans retard votre connaissance.

Quoique Adriane ne le regardât point d'un air très-encourageant, le nouveau venu continua :

— Je suis bottier de profession; je me nomme Gottlieb Schultz; je demeure dans la maison en face de la vôtre; je célèbre demain mon vingt-cinquième anniversaire de mariage, et je viens vous inviter, ainsi que vos deux filles, à dîner demain chez moi.

L'invitation fut reçue avec faveur; le visage d'Adriane se détendit d'un cran, et, priant le bottier de s'asseoir près de lui, il lui demanda s'il ne voudrait pas prendre une tasse de thé.

Le bottier accepta.

Le caractère de Schultz avait tant de bonhomie et de franchise, qu'après quelques instants de conversation les deux voisins s'entretenaient aussi familièrement que s'ils eussent été deux vieux amis.

— Comment va le commerce des bottes? demanda Adriano.

— Eh! eh! répondit Schultz, comme ci comme ça : je ne puis pas me plaindre, quoique mon métier n'ait pas les mêmes avantages que le vôtre, car un vivant peut se passer de bottes, et un mort ne peut se passer de cercueil.

— C'est l'exacte vérité, répondit Adriano; cependant, si le vivant ne peut acheter des bottes, il va nu-pieds, c'est vrai, mais ce n'est qu'un manque à gagner pour vous; tandis que, moi, si le mort est pauvre, je suis obligé de lui fournir un cercueil gratis; ce qui est une perte.

Schultz fit de la tête un signe affirmatif.

La conversation dura une heure, à peu près; mais, comme elle ne contenait rien d'un intérêt bien grand pour nos lecteurs, ils nous permettront de ne leur en faire connaître que ce que nous avons dit.

Enfin, le bottier se leva, et prit congé du faiseur de cercueils, en le priant de nouveau de ne pas oublier son invitation pour le lendemain.

Le jour suivant, comme le dernier coup de midi sonnait, Prokorof et ses filles étaient prêts. Je n'entreprendrai pas de décrire le cafetan d'Adriane, ni les toilettes fantastiques d'Accoulina et de Daria, m'écartant en cette circonstance des habitudes des romanciers modernes. Je ne crois cependant pas inutile de prévenir le lecteur que ces deux demoiselles se coiffèrent de chapeaux jaunes et se chaussèrent de bottines rouges, ornements qui, d'habitude, constituaient la base et le sommet de leur toilette des dimanches.

Lorsque le père et les deux filles arrivèrent chez le bottier, ils trouvèrent son petit logement rempli d'invités, dont la plupart étaient des ouvriers allemands avec leurs femmes et leurs apprentis. En fait d'employés du gouvernement, il y avait un *boudschnik* finnois (1), répondant au nom harmonieux de Yourko, lequel, malgré son modeste emploi, avait su captiver la bienveillance toute particulière du maître et de la maîtresse de la maison. Il servait fidèlement depuis vingt-cinq ans, comme le postillon de Pogoulsky (2).

(1) Employé de la police russe, qui se tient au coin des rues dans un établissement en bois du double de grandeur de ceux de nos bureaux d'omnibus. Sa principale mission est de ramasser et d'enfermer chez lui les individus ivres, vaguants, ou même couchés la nuit dans les rues. Le lendemain, ces individus sont conduits par lui à la police, qui les condamne, en punition de leur incontinence et selon la gravité des faits, à balayer, pendant un, deux ou trois jours, les rues dans lesquelles ils ont été trouvés.

(2) Nous ignorons, malgré les recherches que nous avons

L'incendie de 1812, en dévastant la capitale, n'avait point épargné la guérite jaune de Yourko; mais, dès que les Français eurent quitté Moscou, on lui en construisit une autre de couleur grise avec des colonnes blanches, et Yourko, couvert de sa cuirasse de bure et toujours armé de sa vieille hallebarde, qu'il avait sauvée, se remit à marcher devant sa nouvelle demeure du même pas dont il marchait devant l'ancienne.

Yourko connaissait tous les Allemands qui demeuraient près des portes de la Nikitzky. Quelques-uns d'entre eux, à titre d'hospitalité forcée, passaient quelquefois la nuit du dimanche au lundi dans son établissement.

Adriane fit à l'instant connaissance avec le bouds-

faites, ce que c'est que le postillon de Pogoulsky, et nous sommes forcés, à notre grand regret, de laisser le lecteur dans la même ignorance.

chnik comme avec un homme qui pouvait lui être utile à l'occasion, et, quand les invités se mirent à table, il se plaça près de lui.

M. et madame Schultz et leur fille, mademoiselle Lotken (1), jeune personne de dix-sept ans, aidèrent la cuisinière à servir le dîner, dans lequel, comme boisson, la bière jouait le principal rôle.

Yourko mangeait pour quatre, et buvait à l'avenant. Adrien ne le lui cédait en rien, mais opérait avec sa tristesse habituelle; ses deux filles se maniéraient à qui mieux mieux, et faisaient des cérémonies à chaque plat qu'on leur offrait, à chaque verre de bière qu'on leur versait.

Tout à coup, le maître de la maison, priant les convives de faire silence, pour ne rien perdre de son effet, fit sauter le bouchon d'une bouteille de vin de

(1) Diminutif de Lucrèce.

Champagne, détonation qui fut accueillie par des hourras d'autant plus universels qu'elle était plus inattendue.

Hâtons-nous de dire, pour ceux de nos lecteurs qui s'étonneraient des prodigalités de notre industriel allemand, que le champagne débouché par lui ne venait ni des bords de la Marne, ni des bords de la Saône, mais tout simplement des rives du Don; ce qui lui donnait à Saint-Pétersbourg une valeur analogue à celle que peut avoir à Paris une blanquette de Limoux ou le vin de la coulée de Seran.

Cette circonstance n'empêcha pas le bottier de porter avec amour la santé de sa chère Lisa, santé qui fut répétée avec enthousiasme.

Cette accession à ses désirs toucha sans doute profondément le bon Allemand; car, presque aussitôt, débouchant une seconde bouteille de vin de Champagne et remplissant de nouveau les verres, il cria:

— A la santé de mes très-chers hôtes !

Les invités le remercièrent à leur tour et en vidant de nouveau leur verre.

Puis, de cette santé générale, on passa aux santés individuelles. On but à la santé de chaque convive, la santé de Moscou, à la santé d'une douzaine de petites villes d'Allemagne; puis on passa à la santé des bourgades en général et des villages en particulier; enfin, pour n'oublier personne, on porta en masse la santé des ouvriers.

Adriane buvait avec acharnement et devenait relativement d'une gaieté si folle, que ses filles étaient sur le point de ne pas reconnaître leur père.

Tout à coup, un gros boulanger leva son verre, et but à la santé de ses compagnons de travail. Le toast fut accueilli avec enthousiasme; les convives se saluèrent, car chacun d'eux avait sa part du toast.

Le tailleur salua le bottier, le bottier salua le tailleur, le boulanger salua le tailleur et le bottier, tout le monde salua le boulanger, et ainsi de suite.

Adriane seul, au milieu de cette fraternité universelle, tout gai qu'il était, ne buvait à la santé de personne, ce qui ne veut pas dire qu'il perdit une occasion de vider son verre.

Ce mutisme frappa son voisin Yourko.

— Pourquoi donc, mon cher monsieur Adriane, ne buvez-vous à la santé de personne? Puisque tout le monde boit à la santé de ses pratiques, buvez à la santé des vôtres.

Cela donna une idée à Adriane, qui se mit à rire, comme il pouvait rire, à la façon des trépassés, et qui, se levant sur ses jambes avinées, dit d'une voix encore assez intelligible :

— Tu as raison, voisin Yourko. A la santé de mes morts! et grand bien leur fasse!

Mais personne ne répondit à cette santé, que sans doute la compagnie considéra comme quelque peu sacrilége, et le faiseur de cercueils se rassit au milieu d'un silence glacé.

Les convives continuèrent à boire, quoique le toast quelque peu intempestif d'Adriane eût interrompu la série des santés, qui, sans cette circonstance, ne se fût probablement arrêtée que lorsque tous les convives eussent été sous la table.

II

Les convives ne se séparèrent qu'assez avant dans la nuit, la plupart ivres, tous plus ou moins avinés.

Le gros boulanger et le relieur, son voisin et son ami, dont la figure était rouge comme un portefeuille de maroquin, réintégrèrent Yourko, qui ne marchait plus que grâce à eux, dans la guérite avec laquelle plus d'une fois ils avaient fait connaissance, en se disant l'un à l'autre le proverbe russe : « C'est un prêté pour un rendu. »

Peut-être eussent-ils dû, pour être plus exacts, dire : « C'est un rendu pour un prêté. » Mais, dans l'état d'esprit où ils se trouvaient, on n'y regarde pas de si près ; et ils s'éloignèrent en riant, preuve certaine qu'ils étaient contents de la citation, si incorrecte qu'elle fût à leur endroit.

Le faiseur de cercueils revint chez lui de son côté ; toutefois, Adriane était non-seulement ivre, mais furieux. Avec la persistance des gens pris de vin, qui voient une offense là où elle n'est pas la plupart du temps, et qui l'enveniment en la tournant et la retournant dans leur tête, il ne cessait de songer à l'impolitesse des convives, qui n'avaient pas accueilli son toast avec la même faveur que les toasts qui l'avaient précédé.

— Qu'est-ce à dire ? maugréait-il tout bas, et à qui ces gens-là en avaient-ils de ne pas me faire raison ? Mon état est-il moins honorable que le leur, et un faiseur de cercueils est-il le frère du bourreau ? Refuser de boire à mes morts ! Eh ! mon Dieu, les morts valent bien les vivants, il me semble ; ils ont d'abord sur ceux-ci un grand avantage, c'est que la mort les a guéris de tous leurs défauts. Les morts laissent les vivants bien tranquilles, tandis que parfois les vivants tourmentent les morts jusque dans leur tombeau. Meurent les vivants ! vivent les morts !

Il rentra chez lui en trébuchant, monta à sa chambre, et, poursuivant toujours la même idée sans remarquer la servante qui l'aidait à se déshabiller :

— Je voulais les inviter à souper pour leur rendre

leur politesse; mais, du moment qu'ils m'ont traité ainsi, je suis dispensé de tout égard vis-à-vis d'eux. Qu'ils restent avec leurs pratiques; je resterai, moi, avec les miennes. Ce sont mes pratiques que j'inviterai à dîner, et non les leurs. Ce sont mes morts qui seront mes convives; c'est avec eux que je trinquerai, et, s'ils ne répondent pas à mon toast, je saurai du moins pourquoi ils se taisent.

Puis, riant comme rirait un squelette:

— C'est dit, répéta-t-il, j'invite à dîner mes morts!

— Mais, monsieur, que dites-vous donc là? s'écria la servante.

— Ou à souper s'ils l'aiment mieux, répéta Adriano.

— Mais c'est à faire frémir, monsieur! Vous invitez vos morts à souper?

— Oui, parce qu'à souper cela vaudra mieux; c'est leur heure, à minuit. Qu'ils viennent souper demain à minuit avec moi, je les attends.

— Mais taisez-vous donc, monsieur! Des morts à souper à minuit! Est-il possible d'avoir le vin si triste, mon Dieu!

— A minuit, je l'ai dit, je le répète; pour demain, pour demain!

Et, comme il était à peu près déshabillé, la servante le poussa sur son lit, et se sauva en faisant le signe de la croix.

Elle n'avait pas fermé la porte de la chambre, que son maître ronflait déjà comme une contre-basse.

On réveilla Adriane de bonne heure. — La marchande Troukina était morte dans la nuit, et son premier commis, sur l'ordre des héritiers, fidèles à l'engagement pris avec le faiseur de cercueils, venait le prévenir qu'il avait besoin de son ministère.

Adriane donna au commis dix kopeks pour la bonne nouvelle, s'habilla à la hâte, prit un *isvoschik*, et se fit conduire dans la Bargoulay, chez la morte.

La morte, jaune comme de la cire, était étendue sur une table.

La chambre était peuplée des parents, des amis, des gens de la maison et des connaissances.

Les fenêtres étaient ouvertes, les bougies allumées ; les prêtres chantaient les prières des morts. Adriano s'approcha du neveu de madame Troukina, son plus proche parent, jeune marchand habillé à la dernière mode, et lui promit que le cercueil de madame sa tante ne laisserait rien à désirer, et lui serait envoyé à l'instant même avec les bougies et les autres objets nécessaires à la cérémonie.

L'héritier de madame Troukina, — disons en passant que l'héritage était bon, — l'héritier de madame Troukina lui dit qu'il fît les choses en conscience, qu'il ne marchanderait pas avec lui, et s'en rapporterait entièrement à sa bonne foi.

Adriano le remercia, en lui promettant de le traiter comme une connaissance; puis il regarda le commis, en lui faisant comprendre par un signe de l'œil qu'il ne serait point oublié ; après quoi, il sortit pour aller mettre ordre à ce que sa commande fût promptement livrée.

Comme l'avait promis Adriane, en homme de parole qu'il était, tout fut prêt et envoyé pour le soir.

A onze heures, il sortit de chez madame Troukina, qu'il venait de faire ensevelir, et s'en revint à pied à sa nouvelle demeure.

Toute la route, quoiqu'elle fût longue et que la nuit fût obscure, se fit sans accident aucun.

Il n'était plus qu'à vingt pas de sa maison, lorsque, aux rayons de la lune qui commençait à se lever, il aperçut une espèce d'ombre qui entrait chez lui par la porte de l'allée.

—Qui diable cela peut-il être? se demanda Adriane, et qui peut venir chez moi à pareille heure?

Juste, en ce moment, minuit moins un quart sonnait.

— Ne serait-ce pas un voleur? murmura-t-il. Ouais! ou plutôt... est-ce que ce ne serait point un amant qui vient pour l'une ou pour l'autre de mes deux filles? Cela pourrait bien être.

Il s'était arrêté, pour réfléchir, à une quinzaine de pas de sa maison, lorsqu'il vit une seconde personne qui, suivant le même chemin que la première, entrait chez lui par la petite porte.

Adriane fit un pas dans l'intention d'interroger le nouveau venu; mais celui-ci, de son côté, s'arrêta, et, apercevant Adriane, vint droit à lui, et lui ôta poliment son chapeau, qui était un bicorne.

Sans qu'Adriane se rappelât le nom de cet homme, sa physionomie ne lui était point inconnue.

Il lui dit donc avec politesse :

— Monsieur, si vous venez pour me voir, entrez

chez moi, je vous prie ; nous serons mieux pour causer que dans la rue.

— Ne faites pas de cérémonie avec moi, mon cher monsieur, je vous en prie, répondit l'inconnu d'une voix sourde. Seulement, passez devant, je vous prie.

— Pour vous montrer le chemin, répondit courtoisement Adriane.

Et, le chapeau à la main, il précéda son visiteur.

La porte de l'allée était ouverte, au grand étonnement d'Adriane.

Il monta l'escalier. L'inconnu le suivit.

Adriane ouvrit la porte de son appartement, et demeura stupéfait sur le seuil.

Son appartement était plein de morts.

La lune éclairait ces figures jaunes et blafardes ; les bouches étaient entr'ouvertes, les yeux à demi fermés, les nez pointus.

Adriane commença de trembler de tous ses membres, en reconnaissant chaque mort qu'il avait déposé dans le cercueil.

Quant au dernier, qui était entré avec lui et dont le visage ne lui avait pas semblé tout à fait étranger, c'était le brigadier, à l'enterrement duquel avait eu lieu cette grande pluie qui avait détérioré si cruellement son matériel.

A la vue du faiseur de cercueils, tous s'inclinèrent en le remerciant, à l'exception d'une femme, à laquelle Adriane avait été forcé de donner un cercueil gratis, la morte étant trop pauvre pour faire cette dépense, et qui n'osait s'approcher de lui de peur qu'il ne lui fît des reproches.

Elle resta donc modestement dans son coin.

Les autres morts étaient fort bien vêtus.

Les dames avaient des robes à volants et des bonnets ou des chapeaux à la mode de l'époque où elles avaient été mises en terre. Les hommes étaient en uniforme ou en habit civil; seulement, leur barbe n'était pas faite.

Les marchands avaient leur cafetan des dimanches.

—Nous voilà, Prokorof, dit le brigadier prenant la parole au nom de tous; comme tu le vois, nous nous sommes rendus à ton invitation. Nous n'avons laissé chez nous que les décharnés, — ceux qui ne tiennent plus à rien. — Un seul a voulu venir quand même, et malgré les observations que nous lui avons faites.

A ces mots, les morts ouvrirent leur cercle, et, par l'intervalle offert, Adriane vit s'avancer un petit squelette, complétement dépouillé de ses chairs, et dont la bouche lui souriait agréablement. Des lambeaux de drap et de toile pendaient sur lui comme sur ces échalas que l'on met dans les champs pour effrayer les oiseaux. Les os de ses pieds cliquetaient dans ses bottes et y produisaient un bruit effrayant.

— Tu ne me connais pas? dit le squelette à Adrien.

Le faiseur de cercueils resta muet, soit qu'effectivement il ne reconnût pas le mort, soit que la terreur glaçât la langue à son palais.

Le squelette continua :

— Comment! mon cher Prokorof, tu ne te rappelles pas?...

Le faiseur de cercueils fit un effort et murmura :

— Quoi? qui?

— Un vieux soldat de la garde, continua le squelette : Kourilkine, à qui tu as vendu, en 1799, ton premier cercueil; c'est moi qui t'ai étrenné; et, comme je ne t'ai pas porté malheur, tu me dois bien une poignée de main pour cela.

Et le squelette s'avança vers Prokorof en lui tendant les bras.

Prokorof, à demi mort d'effroi, recula.

Mais, comme le petit squelette avançait toujours, et qu'au fur et à mesure que le squelette avançait, Prokorof reculait, le faiseur de cercueils toucha bientôt le mur et fut forcé de s'arrêter.

— Ah ! dit le squelette, enfin, je te tiens !

Mais, quand Adriane vit ces mains osseuses, ces bras décharnés près de le presser sur cette poitrine à jour, la crainte arrivant à son paroxysme, il repoussa violemment le petit squelette, qui, tombant à la renverse, se brisa en mille morceaux sur le parquet.

A la vue de cet accident, tous les morts se mirent à pousser des cris de l'autre monde, injuriant le pauvre Prokorof et lui demandant si c'était l'habitude d'inviter les gens à souper à minuit, de les déranger de leurs occupations pour les recevoir à coups de poing, et les mettre en cannelle, comme il venait de le faire.

Leurs cris atteignirent un diapason si élevé, leurs gestes indiquèrent une exaspération si grande, leurs visages exprimèrent une indignation si menaçante, que, les forces manquant à la fois au pauvre Adriane pour rester ou pour fuir, il tomba évanoui sur les ossements du soldat de la garde.

Son évanouissement fut si profond, qu'il n'en sortit qu'à neuf heures du matin.

Lorsqu'il ouvrit les yeux, il était dans son lit; sa servante préparait le *somavar*.

Adriane, quoiqu'il eût les yeux ouverts et qu'il fût dans son lit, quoique, à l'exception de sa servante, sa chambre fût déserte, Adriane demeura un instant muet et frissonnant, tant lui repassaient par l'esprit la marchande Troukina, le brigadier et le soldat de la garde Kourilkine.

Il en résulta que, incapable de prononcer une seule parole, il attendit qu'Axenia — c'était le nom de sa servante — lui adressât la première la parole.

Celle-ci se retourna par hasard, et vit que son maître avait les yeux ouverts.

— Ah! Dieu merci! dit-elle, j'ai cru que vous ne vous réveilleriez pas ce matin, Adriane Prokorovitch! Savez-vous l'heure qu'il est? Neuf heures!

Elle vint à son maître, lui présentant sa robe de chambre; mais, voyant qu'il était toujours muet:

— Le tailleur Ivan est venu, continua-t-elle; puis le boudschnik Yourko vous a fait prévenir de ne pas oublier que c'est aujourd'hui la fête du maître de police du quartier; mais, par ma foi, vous dormiez si bien, que je n'ai pas voulu vous réveiller.

Le faiseur de cercueils fit un effort;

— Et de chez la défunte, est-on venu? demanda-t-il.

— De chez quelle défunte? fit Axenia.

— De chez Troukina la marchande; tu sais bien.

— Jésus ! dit Axenia, la pauvre femme, elle s'est donc enfin décidée à mourir ?

— Mais tu le sais bien, puisque, hier, tu m'as aidé à préparer tout ce qu'il fallait pour les funérailles.

— De quelles funérailles parlez-vous ? êtes-vous devenu fou, Adriano Prokorof ? Hier, vous n'étiez pas en funérailles, mais en fête, quoique les funérailles soient des fêtes pour vous.

— Mais alors, où ai-je donc été hier ?

— Hier, vous avez été toute la journée chez votre voisin le bottier, qui célébrait sa vingt-cinquième année de mariage ; à telles enseignes que vous en êtes revenu ivre à ne pas pouvoir vous tenir debout, que vous vous êtes couché en rentrant, et que, de ce moment jusqu'à présent, vous n'avez fait qu'un somme.

— Est-ce bien vrai ? s'écria Adriano en se dressant sur son séant.

— Aussi vrai que voilà neuf heures qui sonnent.

Prokorof écouta le tintement de sa pendule depuis le premier coup jusqu'au dernier, et, seulement alors, comme s'il eût été enfin convaincu :

— En ce cas, dit-il en sautant à bas du lit et en passant la robe de chambre que lui tendait Axenia, va prévenir mes filles, et sers-nous vite le thé.

Mais, pendant qu'elle obéissait, tout convaincu qu'il pouvait être, le faiseur de cercueils s'essuya le front en murmurant :

— C'est égal, c'est la dernière fois que je bois à la santé de mes pratiques.

DON BERNARDO DE ZUNIGA

I

LA FONTAINE SAINTE.

C'était le 25 janvier 1492. Après une lutte de huit cents ans contre les Espagnols, les Mores venaient de se déclarer vaincus dans la personne d'Al-Shaghyr Abou-Abdallah, qui, le 6 du mois précédent, c'est-à-dire le jour des Rois, avait remis la ville de Grenade aux mains de ses vainqueurs, Ferdinand et Isabelle.

Les Mores avaient conquis l'Espagne en deux ans ; il avait fallu huit siècles pour la leur reprendre.

Le bruit de cette victoire s'était répandu. Par toutes les Espagnes, les cloches sonnaient dans les églises, comme au saint jour de Pâques, quand Notre-Seigneur est ressuscité, et toutes les voix criaient : « Vive Ferdinand ! vive Isabelle ! vive Léon ! vive Castille ! »

Ce n'était pas tout encore : on disait que, dans cette année de bénédiction où Dieu avait regardé l'Espagne avec un œil de père, un grand voyageur s'était présenté aux deux rois, et avait promis de leur donner un monde inconnu, qu'il était certain de découvrir en marchant toujours de l'orient en occident.

Mais ceci passait généralement pour une fable, et l'aventurier qui avait pris cet engagement, et que l'on nommait Christophe Colomb, était regardé comme un fou.

Au reste, ces nouvelles, à cette époque de communications difficiles, n'étaient pas encore répandues d'une façon bien positive sur toute la surface de la Péninsule. Au fur et à mesure que, topographiquement, les provinces s'éloignaient des provinces dans lesquelles les Mores avaient concentré leur pouvoir, et que, depuis dix-neuf jours seulement, Ferdinand et Isabelle avaient délivrées, de même qu'au fur et à mesure qu'en s'éloignant d'un centre de lumière, les objets rentrent peu à peu dans l'obscurité, peu à peu les populations doutaient encore de ce grand bonheur qui échéait à toute la chrétienté, et, s'empressant autour de chaque voyageur qui arrivait du théâtre de la guerre, lui demandaient des détails sur ce grand événement.

Une des provinces, non pas les plus éloignées,

mais les plus séparées de Grenade, car deux grandes chaînes de montagnes s'étendent entre elle et cette ville, l'Estramadure, l'Estramadure située entre la Nouvelle-Castille et le Portugal, et qui emprunte son nom à sa position extrême sur les sources du Duero, l'Estramadure, enfin, avait un intérêt d'autant plus grand à être renseignée, que, déjà délivrée des Mores, dès 1240, par Ferdinand III de Castille, elle appartenait depuis lors à ce royaume, dont Isabelle, qui venait de mériter le nom de la Catholique, était héritière.

Aussi une grande foule était-elle rassemblée le jour où s'ouvre cette histoire, c'est-à-dire le 25 janvier 1492, dans la cour du château de Bejar, où venait d'entrer don Bernardo de Zuniga, troisième fils de Pierre de Zuniga, comte de Bañarès et marquis d'Ayamonte, maître de ce château.

Or, personne ne pouvait donner de plus fraîches

nouvelles des Mores et des chrétiens que don Bernardo de Zuniga, qui, chevalier de l'armée d'Isabelle, avait été fait prisonnier dans une des sorties tentées par le héros des Arabes, Mousay-Ebn-Aby'l-Gazan, et ramené blessé dans la ville assiégée, dont les portes ne lui avaient été ouvertes que le jour où les chrétiens y avaient fait leur entrée.

Don Bernardo, à l'époque où il nous apparaît, c'est-à-dire au moment où, après une absence de dix ans, il rentre dans le château paternel, monté sur son cheval de bataille, et entouré de domestiques, de serviteurs et de vassaux, était un homme de trente-cinq à trente-six ans, maigri par les fatigues et surtout par les blessures, et qui eût été pâle, si son visage, brûlé par le soleil du Midi, n'eût revêtu une teinte bronzée, qui semblait faire de lui le compatriote et le frère des hommes qu'il venait de combattre. Cette ressemblance était d'autant plus exacte, qu'enveloppé comme il était dans le grand manteau blanc de l'ordre d'Alcántara, un pan de ce manteau enroulé autour de son visage, pour se garantir de la bise des montagnes, rien ne distinguait ce manteau du burnous arabe, si ce n'est la croix verte que les chevaliers de l'ordre saint portaient sur le côté gauche de la poitrine.

Ce cortége, qui entrait avec lui dans la cour du château, l'accompagnait depuis son apparition aux portes de la ville; avant même qu'on l'eût reconnu, on avait deviné que cet homme à l'œil sombre, à l'allure héroïque, au manteau moitié religieux, moitié guerrier, venait du théâtre de la guerre. On s'était informé auprès de lui pour avoir des nouvelles. Alors il s'était nommé, avait invité les bonnes gens à le suivre dans la cour du château, et, arrivé là, il venait de mettre pied à terre au milieu des marques d'affection et de respect universelles.

Après avoir jeté la bride de son cheval aux mains d'un écuyer, et lui avoir recommandé ce brave compagnon de ses fatigues, qui, comme son maître, portait plus d'une trace visible de la lutte qu'il venait de soutenir, don Bernardo de Zuniga monta les marches du perron conduisant à l'entrée principale du château; puis, arrivé à la dernière marche, il se retourna, racontant, pour satisfaire la curiosité de tous, comment Ferdinand le Catholique, après avoir conquis trente places fortes et autant de villes, avait fini par mettre le siége devant Grenade; comment, après un siége long et terrible, Grenade s'était rendue le 25 novembre 1491, et comment enfin le roi et la reine y avaient fait leur entrée le 6 du mois de janvier, jour de la Sainte-Épiphanie, laissant pour tout domaine, au successeur des rois de Grenado et des califes de Cordoue, une petite dotation dans les Alpujarras.

Ces renseignements donnés à la grande joie des auditeurs, don Bernardo entra dans le château, suivi seulement de ses serviteurs les plus intimes.

Ce ne fut pas sans une grande émotion que don Bernardo revit, après dix ans, l'intérieur de ce château où s'était écoulée son enfance, et qu'il retrouvait vide, son père se tenant à Burgos, et, de ses deux frères aînés, l'un étant mort et l'autre servant dans l'armée de Ferdinand.

Don Bernardo parcourait, triste et silencieux, tous les appartements; on eût dit qu'il y avait au fond de sa pensée une question qu'il n'osait faire, et qui demeurait voilée sous les questions qu'il faisait. Enfin, s'arrêtant devant le portrait d'une petite fille de neuf ou dix ans, il demanda, avec une certaine hésitation, quel était ce portrait.

Celui à qui s'adressait cette demande regarda fixement don Bernardo avant que d'y répondre.

On eût dit qu'il ne comprenait pas.

— Ce portrait? demanda-t-il.

— Sans doute, ce portrait, répéta don Bernardo d'un ton plus impératif.

— Mais, monseigneur, répéta le serviteur, c'est celui de votre cousine Anne de Niebla : il est impossible que Votre Seigneurie ait oublié cette jeune orpheline, qui a été élevée au château et qui était destinée à votre frère aîné.

— Ah! c'est vrai, dit don Bernardo; et qu'est-elle devenue?

— Lorsque votre frère aîné mourut, en 1488, monseigneur votre père ordonna qu'Anne de Niebla entrât au couvent de l'Immaculée-Conception, de l'ordre de Calatrava, et qu'elle y prononçât ses vœux, votre second frère étant marié et Votre Seigneurie étant chevalier d'un ordre qui prescrit le célibat.

Don Bernardo poussa un soupir.

— C'est juste, dit-il.

Et il ne fit aucune autre question.

Seulement, comme Anne de Niebla était fort aimée dans le château de Bejar, le serviteur, profitant de ce que la conversation était tombée sur la jeune et riche héritière, essaya de la continuer.

Mais, au premier mot qu'il dit sur ce sujet, don Bernardo lui imposa silence de façon à lui faire comprendre qu'il avait appris tout ce qu'il désirait savoir.

Au reste, il n'y avait point à se tromper sur les causes qui avaient déterminé le retour de don Bernardo au château de ses pères ; car il prit soin dès le même jour de faire connaître cette cause à tout le monde. Le château de Bejar était situé à deux ou trois lieues d'une source qu'on appelait la Fontaine-Sainte, et qui devait sans doute à son voisinage du couvent de l'Immaculée-Conception le privilége de faire des miracles.

Cette fontaine était merveilleuse surtout pour la guérison des blessures, et, nous l'avons dit, don Bernardo était encore maigre, pâle et souffrant des blessures qu'il avait reçues au siége de Grenade.

Aussi, le lendemain, don Bernardo résolut-il de commencer le traitement auquel, dans sa foi religieuse, il espérait devoir une prompte guérison. Le régime était bien simple à suivre : don Bernardo ferait ce que faisait le plus pauvre paysan qui venait implorer l'assistance de la madone sainte sous l'invocation de laquelle se trouvait la fontaine. Au-dessus de la source s'élevait une petite colline formée d'un seul rocher ; au haut de ce rocher s'élevait une croix. On gravissait le rocher pieds nus, on s'agenouillait devant la croix, on disait dévotement cinq *Pater* et cinq *Ave*, on descendait pieds nus toujours, on buvait un verre d'eau et l'on se retirait chez soi.

Les pèlerinages se divisaient en neuvaines; au bout de la troisième neuvaine, c'est-à-dire à la fin du vingt-septième jour, il était rare que l'on ne fût point guéri.

Le lendemain effectivement, au point du jour, don Bernardo de Zuniga se fit amener son cheval; et, comme, cent fois dans sa jeunesse, il avait fait le voyage de la fontaine, il partit seul pour accomplir son pèlerinage sanitaire.

Arrivé à la source, il mit pied à terre, attacha son cheval à un arbre, se déchaussa, gravit le rocher pieds nus, dit ses cinq *Pater* et ses cinq *Ave*, descendit, but un verre d'eau à la même source, remit sa chaussure, remonta à cheval, jeta un regard, religieux sans doute, vers le couvent de l'Immaculée-Conception, qui, à une demi-lieue de là, apparaissait travers les arbres, et revint au château.

Chaque jour, don Bernardo recommença le même voyage, et il était visible que l'eau miraculeuse agissait sur son corps, quoique son humeur demeurât triste, solitaire, presque sauvage.

Il épuisa ainsi les trois neuvaines. Pendant les derniers jours de la troisième, la santé lui était tout à fait revenue, et il avait déjà annoncé son départ prochain pour l'armée, lorsque, le vingt-septième jour, comme il était agenouillé au pied de la croix, disant son avant-dernier *Ave*, il vit s'avancer un cortége qui n'était pas sans intérêt pour un homme qui avait si souvent, en disant adieu à la source, jeté les yeux sur le couvent de l'Immaculée-Conception.

C'était un cortége composé de religieuses accompagnant une litière découverte, portée par des paysans. Sur cette litière était une religieuse que l'on semblait apporter en triomphe à la fontaine.

Les religieuses qui accompagnaient la litière et celle qui était couchée dessus étaient scrupuleusement voilées.

Au lieu de descendre, comme d'habitude, pour boire à la fontaine, don Bernardo attendit, curieux sans doute de voir ce qui allait se passer.

Sa curiosité était si grande, qu'il oublia de dire son dernier *Ave*.

Le cortége s'arrêta devant la source; la religieuse couchée sur la litière en descendit, ôta sa chaussure, et, d'un pas chancelant d'abord, mais qui se raffermit peu à peu, commença son ascension; arrivée au pied de la croix que don Bernardo, en se reculant, avait laissé libre, la religieuse s'agenouilla, fit sa prière, se releva, et descendit pour rejoindre ses compagnes.

Ce fut une illusion, mais il sembla à don Bernardo que, au moment de s'agenouiller et en se relevant, la religieuse, à travers son voile, avait un instant arrêté ses yeux sur lui.

De son côté, à l'approche de la sainte fille, don Bernardo avait ressenti une émotion étrange, quelque chose comme un éblouissement avait passé devant ses yeux, et il s'était adossé à un arbre comme si le rocher, mal assuré sur sa base, eût tremblé sous lui.

Mais, à mesure que la religieuse s'était éloignée de don Bernardo, la force était revenue à celui-ci ; alors, pour la suivre plus longtemps des yeux, il s'était penché sur le bord du rocher qui surplombait la source. La religieuse était descendue, s'était approchée de la fontaine, et, se faisant visible pour la seule eau sainte, elle avait écarté son voile et bu, selon la coutume, à la même source.

Mais alors était arrivée une chose à laquelle nul n'eût songé et que, par conséquent, nul n'eût pu prévoir. Le limpide cristal de la fontaine se changea en miroir, et, de l'endroit où il était placé, don Bernardo de Zuniga vit l'image de la religieuse aussi distinctement que si elle eût été réfléchie par une glace.

C'était, malgré sa pâleur, un tel miracle de beauté, que don Bernardo de Zuniga jeta un cri de surprise et d'admiration qui retentit assez haut pour faire tressaillir la sainte malade, qui, après avoir à peine trempé ses lèvres dans l'eau, croisa son voile et remonta en litière, non sans tourner une dernière fois la tête du côté de l'imprudent chevalier.

Don Bernardo de Zuniga descendit rapidement les marches du rocher, et, s'adressant à l'un des spectateurs de cette scène :

— Sais-tu, lui demanda-t-il, quelle est cette femme

qui vient de boire à la fontaine et que l'on transporte au couvent de l'Immaculée-Conception?

— Oui, répondit l'homme interrogé; c'est une religieuse qui vient de faire une maladie que chacun croyait mortelle, puisque de fait elle a été morte, à ce qu'il paraît, pendant plus d'une heure, mais qui, par la vertu de l'eau sainte, a été guérie; si bien qu'elle fait aujourd'hui sa première sortie pour exécuter son vœu de venir boire elle-même à la fontaine l'eau qu'hier encore on venait y puiser pour elle.

— Et, demanda don Bernardo avec une émotion qui indiquait l'importance qu'il attachait à la question, sais-tu le nom de cette religieuse?

— Oui, sans doute, monseigneur; elle se nomme Anne de Niebla et est la nièce de Pierre de Zuniga, comte de Bagnarès, marquis d'Ayamonte, dont le fils, revenu il y a un mois à peu près de l'armée, a apporté la bonne nouvelle de la prise de Grenade.

— Anne de Niebla, murmura don Bernardo. Ah! je l'avais bien reconnue, mais je n'eusse jamais cru qu'elle dût devenir si belle!...

II

LE CHAPELET D'ANNE DE NIEBLA.

Don Bernardo avait donc revu cette jeune fille qu'il avait laissée enfant au château de Bejar, et dont, selon toute probabilité, le souvenir l'avait suivi pendant ses dix ans d'absence.

Pendant ces dix ans de rêve solitaire où la pensée de don Bernardo avait suivi le voyage de Niebla dans le premier printemps de la vie, la jeune fille s'était faite femme; elle avait atteint l'âge de vingt ans, pendant que don Bernardo atteignait l'âge de trente-cinq; elle avait revêtu la robe de religieuse, tandis qu'il s'était drapé dans le manteau de chevalier d'Alcantara.

Elle était la fiancée du Seigneur, lui était le chevalier du Christ.

Aux deux jeunes gens élevés dans la même maison, depuis la sortie de cette maison, toute communication par la parole était interdite, tout échange de regards était défendu.

Voilà sans doute pourquoi la vue de sa cousine, dans l'étrange miroir où il avait poursuivi ses traits, avait éveillé une si vive émotion dans le cœur de don Bernardo de Zuniga.

Il rentra au château, mais plus pensif, plus sombre, plus taciturne encore que d'habitude, et presque aussitôt il alla s'enfermer dans la chambre où il avait vu ce portrait d'Anne de Niebla enfant. Sans doute il cherchait à retrouver sur la toile les traits mouvants qu'il venait de voir trembler dans la fontaine, à suivre leur développement juvénile pendant les dix années qui venaient de s'écouler, à les voir s'épanouir au souffle de la vie, comme s'épanouit une fleur au soleil.

Lui qui, depuis quinze ans, sur les champs de bataille, aux surprises des camps, aux assauts des villes, luttait contre les ennemis mortels de sa patrie et de sa religion, il n'essaya pas même de résister un instant à cet ennemi plus terrible qui venait de l'attaquer corps à corps et qui du premier coup le courbait sous lui.

Don Bernardo de Zuniga, le chevalier d'Alcantara, aimait Anne de Niebla, la religieuse de l'Immaculée-Conception.

Il fallait fuir, fuir sans perdre un instant, retourner à ces combats réels, à ces blessures physiques qui ne tuent que le corps. Don Bernardo n'en eut pas le courage.

Dès le lendemain, quoique sa neuvaine fût finie moins un *Ave*, il retourna à la fontaine, ne priant plus : l'amour s'était emparé de son cœur, et n'avait pas laissé de place à la prière. Seulement, assis au plus haut du rocher, l'œil tourné vers le couvent, il attendait un nouveau cortége pareil à celui qu'il avait déjà vu et qui ne venait pas.

Il attendit trois jours ainsi, sans repos, sans sommeil, tournant autour du couvent, dont les portes restaient impitoyablement fermées. Le quatrième jour, qui était un dimanche, il savait que les portes de l'église étaient ouvertes, et que chacun pouvait pénétrer dans cette église.

Seulement, enfermées dans le chœur, les religieuses chantaient derrière de grandes draperies : on les entendait sans les voir.

Le jour tant désiré arriva enfin. — Malheureusement, don Bernardo l'attendait dans un but tout profane; l'idée que ce jour était celui où il pouvait se rapprocher du Seigneur ne lui vint même pas à l'esprit, il ne songeait qu'à se rapprocher d'Anne de Niebla.

A l'heure où les portes du couvent s'ouvrirent, il était là, attendant.

A deux heures du matin, il avait été lui-même à l'écurie, avait sellé son cheval, et était sorti sans prévenir personne. De deux heures à huit heures, il avait erré aux environs de la fontaine, non plus le front enveloppé de son grand manteau pour se garantir de la bise des montagnes, mais le front découvert, implorant tous les vents de la nuit pour éteindre ce foyer brûlant qui semblait lui dévorer le cerveau.

Une fois entré dans l'église, don Bernardo alla s'agenouiller le plus près qu'il lui fut possible du chœur de l'église, et il resta là, attendant, les genoux sur la dalle, le front contre le marbre.

Le service divin commença. Don Bernardo n'eut pas une pensée pour le Sauveur des hommes, dont le saint sacrifice s'accomplissait; toute son âme était ouverte comme un vase, pour absorber ces chants qu'on lui avait promis, et au milieu desquel devait monter au ciel le chant d'Anne de Niebla.

Chaque fois qu'au milieu de ce concert suave une voix plus harmonieuse, plus pure, plus vibrante que les autres, se faisait entendre, à l'instant même don Bernardo tressaillait et levait machinalement ses deux mains au ciel. On eût dit qu'il essayait de se suspendre à cet accord et de monter au ciel avec lui.

Puis, quand le son s'était éteint, couvert par les autres voix ou épuisé dans sa propre extase, il retombait avec un soupir, comme s'il n'eût vécu que de cette harmonieuse vibration et que, sans elle, il n'eût pas pu vivre.

La messe s'acheva au milieu d'émotions jusqu'alors inconnues. Les chants cessèrent, les derniers sons de l'orgue s'éteignirent, les assistants sortirent de l'église, les officiants rentrèrent au couvent.

Le monument ne fut plus qu'un cadavre muet et immobile ; la prière, qui en était l'âme, avait remonté au ciel.

Don Bernardo resta seul : alors il put regarder autour de lui. Au-dessus de sa tête était accroché un tableau représentant *la Salutation angélique ;* dans un coin du tableau était le donataire à genoux et les mains jointes.

Le chevalier d'Alcantara jeta un cri de surprise. Le donataire, cette femme représentée à genoux et les mains jointes dans un coin du tableau, c'était Anne de Niebla.

Il appela le sacristain, qui éteignait les cierges, et l'interrogea.

Co tableau, c'était l'œuvre d'Anne de Niebla elle-même; elle s'était représentée à genoux et en prière, selon l'habitude du temps, qui réclamait presque toujours pour le donataire une humble place sur la toile sacrée.

L'heure était venue de se retirer; sur l'invitation qui lui en fut faite par le sacristain, don Bernardo s'inclina et sortit.

Une idée lui était venue : c'était, à quelque prix que ce fût, d'acquérir ce tableau.

Mais toutes les propositions qu'il fit ou fit faire au chapitre du couvent furent refusées; on lui répondit que ce qui avait été donné ne se vendait pas.

Don Bernardo jura qu'il posséderait ce tableau. Il réunit tout l'argent qu'il put se procurer, vingt mille réaux à peu près, beaucoup plus que la valeur réelle du tableau, et il résolut, le premier dimanche venu, de pénétrer avec tout le monde dans l'église, comme il avait déjà fait, de se tenir caché dans quelque coin, et, la nuit, de détacher et de rouler la toile en laissant les vingt mille réaux sur l'autel, d'où il aurait enlevé le tableau.

Quant à sortir de l'église, il avait remarqué que les fenêtres étaient élevées de douze pieds tout au plus, et qu'elles donnaient dans le cimetière ; il entasserait des chaises les unes sur les autres et sortirait facilement de l'église par une fenêtre.

Puis il regagnerait le château avec son trésor, le ferait encadrer magnifiquement, le placerait en face du portrait d'Anne de Niebla, et ne sortirait plus de cette chambre qui enfermerait sa vie.

Les jours et les nuits s'écoulèrent dans l'attente du dimanche, qui arriva enfin.

Don Bernardo de Zuniga entra l'un des premiers, comme il avait fait le dimanche précédent. Il avait sur lui les vingt mille réaux en or.

Mais ce qui frappa tout d'abord sa vue, ce fut l'aspect funèbre qu'avait revêtu l'église ; à travers les grilles du chœur, on voyait briller l'extrémité des cierges, éclairant le faîte d'un catafalque.

Don Bernardo s'informa.

Le matin même, une religieuse était trépassée, et la messe à laquelle il allait assister était une messe mortuaire.

Mais, nous l'avons dit, don Bernardo ne venait point pour la messe, il venait pour préparer l'accomplissement de son projet.

Le tableau angélique était à sa place, au-dessus de l'autel, dans la chapelle de la Vierge.

La fenêtre la plus basse avait dix ou douze pieds, et, grâce aux bancs et aux chaises superposés, rien n'était plus facile que de sortir.

Ces pensées préoccupèrent don Bernardo pendant toute la durée du service divin. Il sentait bien qu'il allait commettre une action mauvaise; mais, en faveur de sa vie tout entière passée à combattre les infidèles, en faveur de cette somme énorme qu'il laissait à la place du tableau, il espérait que le Seigneur lui pardonnerait.

Puis, de temps en temps, il écoutait ces chants funèbres, et, parmi toutes ces voix fraîches, pures et sonores, il cherchait vainement la vibration de cette voix dont le timbre céleste avait, huit jours auparavant, éveillé toutes les fibres de son âme et les avait fait résonner comme une harpe céleste sous les doigts d'un séraphin.

La corde harmonieuse était absente, et l'on eût dit qu'une touche manquait au clavier religieux.

La messe s'acheva. Chacun sortit à son tour.

En passant devant un confessionnal, don Bernardo de Zuniga l'ouvrit, y entra, et le referma sur lui.

Personne ne le vit.

Les portes de l'église crièrent sur leurs gonds. Bernardo entendit grincer les serrures. Les pas du sacristain effleurèrent le confessionnal où il était caché, et s'éloignèrent. Tout rentra dans le silence.

Seulement, de temps en temps, dans le chœur toujours fermé, on entendait le froissement d'un pas sur la dalle, puis le murmure d'une prière faite à voix basse.

C'était quelque religieuse qui venait dire les litanies de la Vierge sur le corps de sa compagne morte.

Le soir vint, l'obscurité se répandit dans l'église, le chœur seul resta éclairé, transformé qu'il était en chapelle ardente.

Puis la lune se leva, un de ses rayons passa à travers une fenêtre et jeta sa lueur blafarde dans l'église.

Tous les bruits de la vie s'éteignaient peu à peu

au dehors et au dedans; vers onze heures, les dernières prières cessèrent autour de la morte et tout fit place à ce silence religieux particulier aux églises, aux cloîtres et aux cimetières.

Le cri monotone et régulier d'une chouette perchée, selon toute probabilité, sur un arbre voisin de l'église, continua seul de retentir avec sa triste périodicité.

Don Bernardo pensa que le moment était venu d'accomplir son projet. Il poussa la porte du confessionnal où il était caché, et allongea le pied hors de sa retraite.

Au moment où son pied se posait sur la dalle de l'église, minuit commençait à sonner.

Il attendit, immobile, que les douze coups eussent vibré lentement, et se fussent perdus peu à peu en frémissements insensibles, pour sortir tout à fait du confessionnal et s'avancer vers le chœur : il voulait s'assurer que personne ne veillait plus près de la morte, et que nul ne le dérangerait dans l'accomplissement de son dessein.

Mais, au premier pas qu'il fit vers le chœur, la grille du chœur s'ouvrit, lentement poussée, et une religieuse parut.

Don Bernardo jeta un cri. Cette religieuse, c'était Anne de Niebla.

Son voile relevé laissait son visage découvert. Une couronne de roses blanches fixait son voile à son front. Elle tenait à la main un chapelet d'ivoire, qui paraissait jaune auprès de la main qui le tenait.

— Anne ! s'écria le jeune homme.

— Don Bernardo ! murmura la religieuse.

Don Bernardo s'élança...

— Tu m'as nommé, s'écria don Bernardo, tu m'as donc reconnu?

— Oui, répondit la religieuse.

— A la Fontaine-Sainte ?

— A la Fontaine-Sainte.

Et don Bernardo entoura la religieuse de ses bras.

Anne ne fit rien pour se dégager de l'amoureuse étreinte.

— Mais, demanda Bernardo, pardon, car je deviens fou de joie, fou de bonheur, que viens-tu faire ?

— Je savais que tu étais là.

— Et tu me cherchais ?

— Oui.

— Tu sais donc que je t'aime ?...

— Je le sais...

— Et toi, toi, m'aimes-tu ?

Les lèvres de la religieuse demeurèrent muettes.

— O Niebla ! Niebla ! un mot, un seul. Au nom de notre jeunesse, au nom de mon amour, au nom du Christ, m'aimes-tu ?

— J'ai fait des vœux, murmura la religieuse.

— Oh! que m'importent tes vœux! s'écria don Bernardo; n'en ai-je pas fait aussi, moi, et ne les ai-je pas rompus?

— Je suis morte au monde, dit la pâle fiancée.

— Fusses-tu morte à la vie, Niebla, je te ressusciterais.

— Tu ne me feras pas revivre, dit Anne en secouant la tête. Et moi, Bernardo, je te ferai mourir...

— Mieux vaut dormir dans la même tombe que vivre séparés!

— Alors que résous-tu, Bernardo?

— De t'enlever, de t'emporter avec moi au bout du monde s'il est nécessaire, par delà les océans s'il le faut.

— Quand cela?

— A l'instant même.

— Les portes sont fermées.

— Tu as raison. Es-tu libre demain?

— Je suis libre toujours.

— Demain, attends-moi ici à la même heure, j'aurai une clef de l'église.

— Je t'attendrai; mais viendras-tu?

— Ah! sur ma vie, je te le jure. Mais toi, quel est ton serment, quel est ton gage?

— Tiens, dit-elle, voici mon chapelet.

Et elle lui noua le chapelet d'ivoire autour du cou.

En même temps, don Bernardo embrassa Anne de Niebla et, de ses deux mains, la serra contre sa poitrine; leurs lèvres se rencontrèrent et échangèrent un baiser.

Mais, au lieu d'être brûlant comme un premier baiser d'amour, le contact des lèvres de la religieuse fut glacé; et le froid qui courut dans les veines de don Bernardo traversa son cœur.

— C'est bien, dit Anne, et maintenant aucune

force humaine ne pourra plus nous séparer. Au revoir, Zuniga.

— Au revoir, chère Anne. A demain !

— A demain !

La religieuse se dégagea des bras de son amant, s'éloigna lentement de lui, tout en retournant la tête, et rentra dans le chœur, qui se referma derrière elle.

Don Bernardo de Zuniga la laissa rentrer, les bras tendus vers elle, mais immobile à sa place, et, quand il l'eut vue disparaître, seulement alors il songea à se retirer.

Il réunit quatre bancs à côté les uns des autres, plaça quatre autres bancs en travers, superposa une chaise à ces bancs, et sortit, comme d'avance il l'avait arrêté, par la fenêtre. L'herbe était haute et touffue, ainsi qu'on la trouve d'habitude dans les cimetières; il put donc sauter de la hauteur de douze pieds sans se faire aucun mal.

Il n'avait pas besoin d'emporter le portrait d'Anne de Niebla, puisque, le lendemain, Anne de Niebla elle-même allait lui appartenir.

III

LE MORT VIVANT.

Le jour commençait à poindre à l'horizon, quand don Bernardo de Zuniga revint prendre son cheval dans l'auberge où il l'avait laissé.

Un malaise inconcevable s'était emparé de lui, et, quoique enveloppé dans son large manteau, il sentait le froid l'envahir graduellement.

Il demanda au garçon d'écurie quel était le serrurier du couvent; on le lui indiqua.

Il demeurait à l'extrémité du village.

Don Bernardo, pour se réchauffer, mit son cheval

au grand trot, et, au bout d'un instant, il entendit les coups de marteau retentir sur l'enclume, et, à travers les fenêtres et la porte ouvertes, il vit jaillir jusqu'au milieu de la rue des parcelles de fer rouge.

Arrivé à la porte du serrurier, il descendit de cheval; mais, de plus en plus envahi par le froid, il s'étonna de la roideur automatique de ses mouvements.

Le serrurier, de son côté, était resté le marteau levé et regardant ce noble seigneur de l'ordre d'Alcantara, qui descendait à sa porte et entrait chez lui comme une pratique ordinaire.

En voyant que c'était bien à lui qu'il avait affaire, le serrurier posa son marteau sur l'enclume, leva son bonnet et demanda poliment :

— Qu'y a-t-il pour votre service, monseigneur?

— C'est toi qui es le serrurier du couvent de l'Immaculée-Conception? s'informa le chevalier.

— C'est moi, oui, monseigneur, répondit le serrurier.

— Tu as les clefs du couvent?

— Non, monseigneur; j'ai seulement les dessins, afin que, si l'une de ces clefs se perdait, je pusse la remplacer.

— Eh bien, je veux la clef de l'église.

— La clef de l'église?

— Oui.

— Excusez-moi, monseigneur, mais il est de mon devoir de vous demander ce que vous comptez en faire.

— J'en veux marquer mes chiens pour les préserver de la rage.

— C'est un droit de seigneurie. Êtes-vous seigneur des terres sur lesquelles l'église est bâtie?

— Je suis don Bernardo de Zuniga, fils de Pierre de Zuniga, comte de Bagnarès, marquis d'Ayamonte;

je commande à cent hommes d'armes et suis chevalier d'Alcantara, comme tu peux le voir par mon manteau.

— Cela ne se peut, dit le serrurier avec une expression visible d'effroi.

— Et pourquoi cela ne se peut-il pas?

— Parce que vous êtes vivant et bien vivant, quoique vous paraissiez avoir froid, et que don Bernardo de Zuniga est mort cette nuit, vers une heure du matin.

— Et qui t'a dit cette belle nouvelle? demanda le chevalier.

— Un écuyer portant un hoqueton aux armes de Bejar, lequel vient de passer il y a une heure pour aller commander un service funèbre au couvent de l'Immaculée-Conception.

Don Bernardo éclata de rire.

— Tiens, dit-il, voici, en attendant, dix pièces

d'or pour ta clef. Je viendrai la chercher cette après-midi et t'en apporterai encore autant.

Le serrurier s'inclina en signe d'assentiment; vingt pièces d'or, c'était plus qu'il ne gagnait en une année, et cela valait bien la peine de risquer une réprimande.

D'ailleurs, pourquoi serait-il réprimandé? C'était l'habitude de marquer les chiens de chasse avec les clefs des églises pour les préserver de la rage.

Un seigneur qui le payait si généreusement ne pouvait pas, quel qu'il fût, être un voleur.

Don Bernardo remonta à cheval. Il avait essayé de se réchauffer à la forge; mais il n'avait pu y réussir : il espérait mieux du soleil, qui commençait à se montrer brillant comme il l'est déjà en Espagne au mois de mars.

Il gagna les champs et se mit à courir; mais le

froid l'envahissait de plus en plus, et des frissons glacés lui couraient par tout le corps.

Ce n'était pas tout : il semblait comme enchaîné au couvent, il décrivait un cercle dont le clocher de l'église formait le centre.

En traversant un bois, vers onze heures, il vit un ouvrier qui équarrissait des planches de chêne ; c'était une besogne qu'il avait bien souvent vu faire à des ouvriers, et cependant il se sentit comme entraîné malgré lui à questionner cet homme.

— Que fais-tu là? lui demanda-t-il.

— Vous le voyez bien, très-illustre seigneur, répondit celui-ci.

— Mais non, puisque je le demande.

— Eh bien, je fais une bière.

— En chêne? C'est donc pour un grand seigneur que tu travailles?

— C'est pour le chevalier don Bernardo de Zuniga,

fils de monseigneur Pierre de Zuniga, comte de Bagnarès, marquis d'Ayamonte.

— Le chevalier est donc mort?

— Cette nuit, vers une heure du matin, répondit l'ouvrier.

— C'est un fou, dit le chevalier en haussant les épaules.

Et il poursuivit son chemin.

En se rapprochant du village où il avait commandé la clef, il rencontra, vers une heure, un moine qui voyageait à mule, suivi d'un sacristain qui marchait à pied.

Le sacristain portait un crucifix et un bénitier.

Don Bernardo avait déjà dérangé son cheval pour laisser passer le saint homme, lorsque tout à coup, se ravisant, il lui fit signe de la main qu'il désirait lui parler.

Le moine s'arrêta.

— D'où venez-vous, mon père? demanda le chevalier.

— Du château de Bejar, illustre seigneur.

— Du château de Bejar? répéta don Bernardo étonné.

— Oui.

— Et qu'avez-vous été faire au château de Bejar?

— J'ai été pour confesser et administrer don Bernardo de Zuniga, qui, vers minuit, s'étant senti mourir, m'avait fait appeler pour recevoir l'absolution de ses péchés; mais, quoique je fusse parti en toute hâte, je suis encore arrivé trop tard.

— Comment! trop tard?

— Oui, à mon arrivée, don Bernardo de Zuniga était déjà mort.

— Déjà mort? répéta le chevalier.

— Oui, et, de plus, mort sans confession. Que Dieu ait pitié de son âme!

— Vers quelle heure était-il mort ?

— Vers une heure de la nuit, répondit le moine.

— C'est une gageure, dit le chevalier avec humeur; ces gens-là ont parié de me rendre fou.

Et il remit son cheval au galop.

Dix minutes après, il était à la porte du forgeron

— Oh ! oh ! dit le forgeron, qu'a donc Votre Seigneurie ? Elle est bien pâle !

— J'ai froid, dit don Bernardo.

— Voici votre clef.

— Voici ton or.

Et il lui jeta dans la main douze autres pièces.

— Jésus ! dit le forgeron, où mettez-vous donc votre bourse?

— Pourquoi cela?

— Votre or est froid comme la glace. A propos...

— Qu'y a-t-il ?

— N'oubliez pas de vous signer trois fois avant de faire usage de la clef.

— Pourquoi cela?

— Parce que, lorsqu'on forge une clef d'église, le diable ne manque jamais de venir souffler le feu.

— C'est bien. Et toi, n'oublie pas de prier pour l'âme de don Bernardo de Zuniga, dit le chevalier en essayant de sourire.

— Je ne demande pas mieux, dit le serrurier; mais j'ai bien peur que mes prières n'arrivent trop tard, puisqu'il est mort.

Quoique don Bernardo eût accueilli ces différentes rencontres d'un air calme, et eût reçu ces différentes réponses avec un sourire, ce qu'il avait vu et entendu depuis le matin n'avait pas laissé que de faire sur lui, si brave qu'il fût, une vive impression. Ce froid surtout, ce froid mortel qui allait croissant, glaçant jusqu'au battement de son cœur, gelant jusqu'à la moelle de ses os, le terrassait malgré lui.

Il pesait de ses pieds sur ses étriers et ne sentait plus l'appui qui le soutenait. Il serrait une de ses mains avec l'autre et ne sentait plus la pression de sa main.

L'air du soir arriva, sifflant à ses oreilles comme une bise et traversant son manteau et ses vêtements comme si les uns et les autres n'avaient pas plus de consistance qu'une toile d'araignée.

La nuit venue, il entra dans le cimetière, et attacha son cheval au pied d'un platane. Il n'avait pas songé à manger de la journée, ni son cheval non plus.

Il se coucha dans les hautes herbes, pour échapper, autant que possible, au vent glacial qui l'anéantissait.

Mais à peine eut-il touché la terre que ce fut bien pis. Cette terre, pleine d'atomes de mort, semblait une dalle de marbre.

Peu à peu, quelque effort qu'il fit pour résister au froid, il tomba dans une espèce d'engourdissement dont il fut tiré par le bruit que faisaient deux hommes en creusant une fosse.

Il fit un effort sur lui-même et se leva sur son coude.

Les deux fossoyeurs, voyant un homme qui semblait sortir d'une fosse, poussèrent un cri.

— Oh ! pardieu ! dit-il aux fossoyeurs, je vous remercie de m'avoir éveillé. Il était temps.

— En effet, dirent ces hommes, remerciez-nous, Seigneur; car, lorsque l'on s'endort ici, on ne se réveille guère.

— Et que faites-vous à cette heure dans ce cimetière ?

— Vous le voyez bien.

— Vous creusez une fosse ?

— Sans doute.

— Et pour qui?

— Pour don Bernardo de Zuniga.

— Pour don Bernardo de Zuniga?

— Oui. Il paraît que le digne seigneur, dans le testament qu'il a fait il y a quinze jours ou trois semaines, a demandé à être enterré dans le cimetière du couvent de l'Immaculée-Conception, de sorte qu'on est venu nous dire ce soir seulement de nous mettre à la besogne; maintenant, il s'agit de rattraper le temps perdu.

— Et à quelle heure est-il mort?

— La nuit passée, à une heure du matin. La! maintenant que la fosse est finie, don Bernardo viendra quand il voudra. Adieu, monseigneur.

— Attends, dit le chevalier, toute peine mérite salaire; tiens, voilà pour toi et ton camarade.

Et il jeta à terre sept ou huit pièces d'or que les fossoyeurs s'empressèrent de ramasser.

— Sainte Vierge! dit un des fossoyeurs, j'espère que le vin que nous allons boire à votre santé ne sera pas aussi froid que votre argent, sinon il y aurait de quoi geler l'âme dans le corps.

Et ils sortirent du cimetière.

Onze heures et demie venaient de sonner; don Bernardo se promena une demi-heure encore, ayant toutes les peines du monde à se maintenir debout, tant il sentait son sang se figer dans ses veines; enfin, minuit sonna.

Au premier coup qui frappa sur le timbre, don Bernardo introduisit la clef dans la serrure et ouvrit la porte.

L'étonnement du chevalier fut grand: l'église était éclairée, le chœur était ouvert, les piliers et les voûtes étaient tendus de noir, mille cierges brûlaient en chapelle ardente.

Au milieu de la chapelle une estrade était dressée.

Il s'approche de l'estrade, se penche sur le cadavre, soulève le voile et pousse un cri.

Ce cadavre, c'est celui d'Anne de Niebla.

Il se retourne, regarde autour de lui, cherchant qui il peut interroger, et aperçoit le sacristain.

— Quel est ce cadavre? demande-t-il.

— Celui d'Anne de Niebla, répond le brave homme.

— Depuis quand est-elle morte?

— Depuis dimanche matin.

Don Bernardo sentit encore s'augmenter le froid qui glaçait son corps, quoiqu'il eût cru la chose impossible.

Il passa sa main sur son front.

— Hier, à minuit, demanda-t-il, elle était donc morte?

— Sans doute.

— Hier, à minuit, où était-elle?

— Où elle est cette nuit, à la même heure; seulement, l'église n'était pas tendue, les cierges du cénotaphe étaient seuls allumés, et la grille du chœur était close.

— Quelqu'un, continua le chevalier, qui eût vu venir à lui hier, à cette heure, Anne de Niebla, eût donc vu venir un fantôme? quelqu'un qui lui eût parlé, eût donc parlé à un spectre?

— Dieu préserve un chrétien d'un pareil malheur! mais il eût parlé à un spectre, mais il eût vu un fantôme.

Don Bernardo chancela.

Il comprenait tout : il s'était fiancé à un fantôme, il avait reçu le baiser d'un spectre.

Voilà pourquoi ce baiser était si froid, voilà pourquoi un fleuve de glace parcourait tout son corps.

A ce moment, cette annonce de sa propre mort, qui lui avait été donnée par le forgeron, par le menuisier, par le prêtre et par le fossoyeur, lui revint à l'esprit.

C'était à une heure qu'il était mort, lui avait-on dit.

C'était à une heure qu'il avait reçu le baiser d'Anne de Niebla.

Était-il mort ou vivant?

Y avait-il déjà une séparation de l'âme et du corps?

Était-ce son âme qui errait aux environs du couvent de l'Immaculée-Conception, tandis que son corps expiré gisait au château de Béjar?

Il rejeta le voile qu'il avait écarté du visage de la morte, et s'élança hors de l'église : le vertige l'avait saisi.

Une heure sonnait.

Tête basse, le cœur oppressé, don Bernardo s'élance dans le cimetière, trébuche à la fosse ouverte, se relève, détache son cheval, saute en selle, et s'élance dans la direction du château de Bejar.

C'est là seulement que se résoudra pour lui cette terrible énigme de savoir s'il est mort ou vivant.

Mais, chose étrange ! ses sensations sont presque éteintes.

Le cheval qui l'emporte, il le sent à peine entre ses jambes ; la seule impression à laquelle il soit sensible, c'est ce froid croissant qui l'envahit comme un souffle de mort.

Il presse son cheval, qui, lui-même, paraît un cheval spectre.

Il lui semble que sa crinière s'allonge, que ses pieds ne touchent plus la terre, que son galop a cessé de retentir sur le sol.

Tout à coup, à sa droite et à sa gauche, deux chiens noirs surgissent sans bruit, sans aboiement ; leurs yeux sont de flamme, leur gueule est couleur de sang.

Ils courent aux flancs du cheval, les yeux flamboyants, la gueule ouverte; pas plus que le cheval ils ne touchent la terre : cheval et chiens glissent à la surface du sol; ils ne courent pas, ils volent.

Tous les objets qui côtoient la route disparaissent aux yeux du chevalier, comme emportés par un ouragan; enfin, dans le lointain, il aperçoit les tourelles, les murs, les portes du château de Bejar.

Là, tous ses doutes doivent être résolus; aussi il presse son cheval, que les chiens accompagnent, que la cloche poursuit.

De son côté, le château semble venir au-devant de lui.

La porte est ouverte, le chevalier s'élance, il franchit le seuil, il est dans la cour.

Personne n'a pris garde à lui, et cependant la cour est remplie de monde.

Il parle, on ne lui répond pas; il interroge, on ne le voit pas ; il touche, on ne le sent pas.

En ce moment, un héraut paraît sur le perron.

— Oyez, oyez, oyez, dit-il : le corps de don Bernardo de Zuniga va être transporté, selon les désirs exprimés par son testament, dans le cimetière du couvent de l'Immaculée-Conception; que ceux qui ont le droit de lui jeter de l'eau bénite me suivent.

Et il entre dans le château.

Le chevalier veut poursuivre le voyage jusqu'au bout.

Il se laisse glisser de sa monture, mais il ne sent plus la terre sous ses pieds, et il tombe à genoux, essayant de se cramponner de la main aux étriers de son cheval.

En ce moment, les deux chiens noirs lui sautent à la gorge et l'étranglent.

Il voulut pousser un cri, mais il n'en eut pas la force. A peine put-il exhaler un soupir.

Les assistants virent deux chiens qui semblaient

se battre entre eux, tandis qu'un cheval s'évanouissait comme une ombre.

Ils voulurent frapper sur les chiens, mais ceux-ci ne se séparèrent que lorsqu'ils eurent accompli l'œuvre invisible qu'ils faisaient.

Alors ils s'élancèrent côte à côte hors de la cour, et disparurent. A la place où ils avaient séjourné dix minutes, on trouva des débris informes, et, au milieu de ces débris, le chapelet d'Anne de Niebla.

En ce moment, le corps de Bernardo de Zuniga apparut sur le perron, porté par les pages et les écuyers du château.

Le lendemain, il fut inhumé en grande pompe dans le cimetière de l'Immaculée-Conception, côte à côte avec sa cousine Anne de Niebla.

Dieu leur fasse miséricorde!

FIN.

TABLE

www.ingramcontent.com/pod-product-compliance
Lightning Source LLC
LaVergne TN
LVHW020540230826
846091LV00002B/332
9782019712549